（宋）蘇轍 撰 傅增湘 校

傅增湘校本欒城集

第十三册

國家圖書館出版社

第十三册目録

卷十二　潁濱遺老傳上……一
卷十三　潁濱遺老傳下……三一
卷十四　册文一首
大行太皇太后謚册文附進册文
劄子……六七
詔二首
改園陵爲山陵手詔……七三
擬答西夏詔書……七三
策題二首
擬殿試策題……七五
卷十五　詔一首
擬合祭天地手詔……七九
劄子一首
論合祭天地劄子……八三
叙三首
元祐會計録叙……八七
收支叙……九三
民賦叙……九九
卷十六　劄子十五首
兄除翰林承旨乞外任劄子四首……一〇五
舉王鞏乞外任劄子五首……一一〇
乞賜張宣徽謚劄子……一一五
立皇后制書劄子……一一七
論黄河軟堰劄子附申三省狀……一一八
論御試策題劄子二首……一二六
待罪劄子一首……一三二
卷十七　表記劄子狀十四首
元祐七年生日謝表二首……一三五
笏記……一三七
元祐八年生日謝表二首……一三八

笏記……一四〇
辭門下侍郎劄子……一四〇
免太中大夫門下侍郎表二首……一四一
謝太中大夫門下侍郎表二首……一四四
進郊祀慶成詩狀……一四七
免南郊加恩表二首……一四八
謝南郊加恩表二首……一五一

欒城後集卷之十二

宋眉山蘇轍子由著

明東吳王執禮子敬、顧天叙禮初仝校

潁濱遺老傳上

潁濱遺老姓蘇氏名轍字子由父曰眉山先生隱居不出老而以文名天下天下所謂老蘇者也歐陽文忠公以文章獨步當世見先生而歎曰予閱文士多矣獨喜尹師魯石守道然意常有所未足今見君之文予意足矣先生既不用於世有子軾轍以所學授之曰是庶幾能明吾學者母成國太夫人程氏亦好讀書明識過

人志節凜然每語其家人二子必不負吾志轍年十九舉進士釋
褐二十三舉直言　仁宗親策之於廷時上春秋高始倦於勤轍
因所問極言得失曰　陛下即位三十餘年矣平居靜慮亦嘗有
憂於此乎無憂於此乎臣伏讀制策　陛下既有憂懼之言矣然
臣愚不敏竊意　陛下有其言矣未有其實也往者寶元慶曆之
間西羌作難　陛下晝不安坐夜不安席天下皆謂　陛下憂懼
小心如周文王然自西方解兵　陛下棄置憂懼之心二十年矣
古之聖人無事則深憂有事則不懼夫無事而深憂者所以爲有
事之不懼也今　陛下無事則不憂有事則大懼臣以爲憂樂之

節易矣臣疏遠小臣聞之道路不知信否近歲以來宮中貴姬至以十數歌舞飲酒優笑無度坐朝不聞咨謨便殿無所顧問三代之衰漢唐之季女寵之害　陛下亦知之矣久而不止百蠹將由之而出內則蠱惑之所汙以傷和伐性外則私謁之所亂以敗政害事　陛下無謂好色於內不害外事也今海內窮困生民愁苦而宮中好賜不爲限極所欲則給不問有無司會不敢爭大臣不敢諫執契持敕迅若兵火國家內有養士養兵之費外有北狄西戎之奉　陛下又自爲一阱以耗其遺餘臣恐　陛下以此得謗而民心不歸也策入輒自謂必見黜然考官司馬君實第以三等

范景仁難之蔡君謨曰吾三司使也司會之言吾愧之而不敢怨
惟胡武平以爲不遜力請黜之　上不許曰以直言召人而以直
棄之天下謂我何宰相不得已寘之下第除商州軍事推官知制
誥王介甫意其右宰相專攻　人主比之谷永不肯撰詞宰相韓
魏公哂曰此人策語謂宰相不足用欲得婁師德郝處俊而用之
尙以谷永疑之乎知制誥沈文通亦考官也知其不然故文通當
制有愛君之言諫官楊樂道見　上曰蘇轍臣所薦也　陛下赦
其狂直而收之盛德之事也乞宣付史館　上悅從之是時先君
被命修禮書而兄子瞻出簽書鳳翔判官傍無侍子轍乃奏乞養

親三年子瞻解還轍始求爲大名推官逾年先君捐館舍及除喪神宗嗣位既三年矣求治甚急轍以書言事即日召對延和殿時王介甫新得幸以執政領三司條例　上以轍爲之屬不敢辭介甫急於財利而不知本呂惠卿爲之謀主轍議事多牾一日介甫出一卷書曰此青苗法也諸君熟議之有不便以告勿疑他日轍告之曰以錢貸民使出息二分本以救民之困非爲利也然出納之際吏緣爲姦雖有法不能禁錢入民手雖良民不免非理費用及其納錢雖富民不免違限如此則鞭箠必用州縣事不勝煩矣唐劉晏掌國計未嘗有所假貸有尤之者晏曰使民僥倖得錢

非國之福使吏倚法督責非民之便吾雖未嘗假貸而四方豐凶貴賤知之未嘗逾時有賤必糴有貴必糶以此四方無甚貴甚賤之病安用貸爲晏之所言則漢常平法耳今此法見在而患不修公誠有意於民舉而行之劉晏之功可立竢也介甫曰君言有理當徐議行之後有異論幸勿相外也自此逾月不言青苗會河北轉運判官王廣廉召議事廣廉嘗奏乞度僧牒數千道爲本錢行陝西漕司私行青苗法春散秋斂與介甫意合即請而施之河北自此青苗法遂行於四方初陳陽叔以樞密副使與介甫共事二人操術不同介甫所唱陽叔不深和也既召謝卿材侯叔獻陳知

儉王廣廉王子韶程顥盧秉王汝翼等八人欲遣之四方搜訪遺利中外傳笑知所遣必生事迎合然莫敢言者轍求見陽叔陽叔逆問君獨來見何也對曰有疑欲問公耳近日召八人者欲遣往諸路不審公旣知利害所在事有名件而使往案實之耶其亦未知其實漫遣出外綱捕諸事也陽叔曰君意謂如何對曰昔嘉祐末遣使寬䘏諸路事無所指行者各務生事旣還奏例多難行爲天下笑今何以異此陽叔曰吾昔奉敕看詳寬䘏等事如范堯夫輩所請多中理對曰今所遣如堯夫者有幾陽叔曰所遣果賢將不肯行君無過憂對曰公誠知遣使之不便而恃遣者之不行何

如陽叔曰君姑退得徐思之後數日陽叔召屬官於密院言曰
上卽位之初命天下監司具本路利害以聞至今未上今當遣使
宜得此以議可草一劄子乞催之惠卿覺非其黨中意不樂漫具
草無益也轍知力不能救以書抵介甫陽叔指陳其決不可者且
請補外介甫大怒將見加以罪陽叔止之奏除河南推官會張文
定知淮陽以學官見辟從之三年授齊州掌書記復三年改著作
佐郎復從文定簽書南京判官居二年子瞻以詩得罪轍從坐謫
監筠州鹽酒稅五年不得調平生好讀詩春秋病先儒多失其旨
欲更爲之傳老子書與佛法大類而世不知亦欲爲之注司馬遷

作史記記五帝三代不務推本詩書春秋而以世俗雜說亂之記戰國事多斷缺不完欲更爲古史功未及究移和欽績溪始至而奉　神宗遺制居半年除祕書省校書郎明年至京師除右司諫宣仁后臨朝用司馬君實呂晦叔等欲革弊事舊相蔡確韓縝樞密使章惇皆在位窺伺得失中外憂之轍言曰　先帝臨御僅二十年厲精政事變更法度將以力致太平追復三代是以擢任臣庶多自小臣致位公相用人之速近世無與比者究觀　聖意本欲求賢自助以利安生民爲社稷長久之計豈欲使左右大臣媮合苟容出入唯唯危而不持顛而不扶竊取利禄以養妻子而

已哉然自法行以來民力凋弊海内愁怨　先帝晚年寖疾彌留
照知前事之失親發—德音將洗心自新以合天意而此志不遂
奄棄萬國天下聞之知前日弊事皆　先帝之所欲改思慕　聖
德繼之以泣是以　皇帝踐祚　聖母臨政奉承遺旨罷導洛廢
市易損青苗止助役寬保甲免買馬放修城池之役復茶鹽鐵之
舊黜吳居厚呂孝廉宋用臣賈青王子京張誠一呂嘉問蹇周輔
等命令所至細民鼓舞相賀臣愚不知　朝廷以爲凡此誰之罪
也上則大臣蔽塞聰明逢君之惡下則小臣貪冒榮利奔競無恥
二者均皆有罪則大臣以任重責重小臣以任輕責輕雖三尺童

子所共知也今　朝廷既已罷黜小臣至於大臣則因而任之將
復使燮和陰陽陶冶民物臣竊惑矣竊惟　朝廷之意將以體貌
大臣待其愧恥自去以全國體今確等自山陵以後猶偃然在職
不肯引咎辭位以謝天下謹案確等受恩最深任事最久據位最
尊獲罪最重而有靦面目曾不知愧確等誠以昔之所行爲是耶
則今日安得不爭以昔之所行爲非耶則昔日安得不言窮究其
心所以安而不去者蓋以爲是皆　先帝所爲而非吾過也夫爲
大臣忘君徇已不以身任罪戾而歸咎　先帝不忠不孝寧有過
此臣竊不忍千載之後書之簡策大臣既自處無過之地則　先

大误天

帝獨被惡名此臣所以痛心疾首當食不飽至於涕泗之橫流也

陛下何不正其罪名上以爲　先帝分謗下以慰臣子之意今

獨以法繩治小臣而置確等大則無以顯揚聖考之遺意小則無

以安反側之心故臣竊謂大臣誠退則小臣非建議造事之人可

一切不治使得革面從君竭力自効以洗前惡伏乞出臣此章宣

示確等使自處進退之分臣雖萬死不恨也三人竟皆逐去然卒

不以其前後反覆歸咎　先帝罪之世以爲恨呂惠卿始詔事介

甫倡行虐政以害天下其後勢鈞力抗則傾陷介甫甚於仇讐世

尤惡之時惠卿自知罪大乞宮觀自便不預貶竄轍具疏其姦請

加深譴乃以散官安置建州天下韙之司馬君實既以清德雅望

專任朝政然其爲人不達吏事知雇役之害欲復行差役不知差

雇之弊其實相半講之未詳而欲一但復之民始聞而喜徐而疑

懼君實不信也王介甫以其私說爲詩書新義以考試天下士學

者病之君實改爲新格而勢亦難行方議未定輙言自罷差役至

今僅二十年吏民皆未習慣況役法關涉衆事根牙磐錯行之徐

緩乃得審詳若不窮究首尾怱遽便行恐既行之後别生諸弊今

州縣役錢例有積年寬剩大約足支數年若且依舊雇役盡今年

而止催督有司審議差役趁今冬成法來年役使鄉戶但使既行

之後無復入言則進退皆便又言進士來年秋試日月無幾而議不時決傳聞四方不免惶惑詩賦雖號小技而比次聲律用功不淺至於治經誦讀講解尤不可輕易要之來年皆未可施行欲乞先降指揮來年科場一切如舊惟經義兼取注疏及諸家議論或出己見不專用王氏學仍罷律義令天下舉人知有定論一意爲學以待選試然後徐議元祐五年以後科舉格式未爲晚也衆皆以爲便而君實始不悅矣是歲上將親饗明堂輙言曰三代常祀一歲九祭天再祭地皆天子親之故於其祭也或祭昊天或祭五天或獨祭一天或祭皇地祇或祭神州地祇要於一歲而親祀必

遍降及近世歲之常祀皆有司攝事三歲而後一親祀親祀之疏數古今之變相遠如此然則其禮之不同蓋亦其勢然也謹按

國朝舊典冬至圜丘必兼饗天地從祀百神若其有故不祀圜丘別行他禮或大雩於南郊或大饗於明堂或恭謝於大慶皆用圜丘禮樂神位其意以為 皇帝不可以三年而不親祀天地百神故也臣竊見皇祐明堂遵用此法最為得禮自皇祐以後凡祀明堂或用鄭氏說獨祀五天帝或用王氏說獨祀昊天上帝雖於古學各有援據而考之 國朝之舊則為失當蓋儒者泥古而不知今以天子每歲遍祀之儀而議 皇帝三年親祀之禮是以若此

其疏也今者　皇帝陛下對越天命逾年即位將以九月有事於明堂義當並見天地遍禮百神躬薦誠心以格靈貺臣恐有司不達禮意以古非今執王鄭偏說以亂本朝大典夫禮沿人情人情所安天意必順今　皇帝陛下始親祠事而天地百神無不咸秩豈不俯合人情仰符天意臣愚欲乞　明詔禮官今秋明堂用皇祐明堂典禮庶幾精誠陟降溥及上下時大臣多牽於舊學不達時變奏入不報然輙以為周禮一歲遍祭天地皆人主親行故郊邱有南北禮樂有同異自漢唐以來禮文日盛費用日廣事與古異故一歲遍祀不可復行唐明皇天寶初始定三歲一親郊於致

齋之日先享太清宮次享太廟然後合祭天地從祀百神所以然
者蓋謂三年一次大禮若又不遍則於人情有所不安至於遍祭
之禮已自差官攝事未嘗少廢此近世變禮非復三代之舊而議
者欲以三代遺文參亂其間失之遠矣至七年　上將親郊輙備
位政府乃與諸公共伸前議合祭天地議者以爲當初　神宗以
夏國內亂用兵攻討於熙河路增置蘭州於延安路增置安疆米
脂等五寨至此夏國雖屢遣使而未修職貢二年夏始來賀　登
極使還未出境又遣使入界　朝廷知其有請地之意然大臣議
棄守未決輙言曰頃者西人雖至而彊埸之事初不自言度其狡

心蓋知　朝廷厭兵確然不請欲使此議發自　朝廷得以爲重
朝廷深覺其意忍而不予情得勢窮始來請命今若又不許使
其來使徒手而歸一失此機必爲後悔彼若黠集兵馬屯聚境上
予之則畏兵而予不復爲恩不予則邊釁一開禍難無已間不容
髮正在此時不可失也今議者不深究利害妄立堅守之議苟避
棄地之名不度民力不爲國計其意止欲私已自便非社稷之計
也臣又聞議者或謂棄守皆不免用兵棄則用兵必遲守則用兵
必速遲速之間利害不遠若遂以地予之恐非得計臣聞聖人應
變之機正在遲速之際但使事變稍緩則吾得算已多昔漢文景

之世吳王濞內懷不軌稱病不朝積財養兵謀亂天下文帝專務含養置而不問加賜几杖恩禮日隆濞雖包藏禍心而仁澤浸漬終不能發及景帝用晁錯之謀欲因其有罪削其郡縣以爲削之亦反不削亦反削之則反疾而禍小不削則反遲而禍大削書一下七國盡反至使景帝發天下兵遣三十六將僅而破之議者若不計利害之淺深較禍福之輕重則文帝隱忍不決近於柔仁景帝剛斷必行近於强毅然而如文帝之討禍發既遲可以徐爲備禦稍經歲月變故自生以漸制之勢無不可如景帝之討禍發既速未及旋踵已至交兵鋒刃既接勝負難保社稷之命決於一日

許還五寨夏人遂服轍尋還起居
郎爲中書舍人時朝廷起文潞公於既老
以太師平章軍國重事初元豐中河
決大吳先帝知故道不可復還因導之
北流水性已順惟河道未深堤防未立
歲有決溢之患本非深害也至此諸公
皆未究悉河事而潞公欲以河爲重事
中書侍郎呂微仲樞密副使安厚卿從
而和之始謂河西北流入泊淀久必淤淺

雖食晁錯之肉何益於事今者欲棄之策與文帝同而欲守之計
與景帝類臣乞宣喻執政欲棄者理直而禍緩欲守者理曲而禍
速曲直遲速孰爲利害況今日之事　主上妙年　母后聽斷將
帥吏士恩情未接兵交之日誰使效命若其羽書沓至勝負紛然
臨機決斷誰任其責惟乞　聖心以此反覆思慮早賜裁斷無使
西戎別致猖狂棄守之議皆不得其便於是　朝廷於今上供之
數可謂少矣然每有緩急王命一出舟車相銜大事以濟　祖宗
以來法制雖殊而諸道蓄藏之計猶極豐厚是以斂散及時縱捨
由已利柄所在所爲必成自熙寧以來言利之臣不知本末之術

異日或從北界入海則河朔無以禦狄
故三人力主回河之計諸公莫能奪
呂晦叔時爲中書相轍聞見問曰公自
視智勇孰與 先帝勢力隆重能鼓舞
天下孰與 先帝晦叔驚曰君何言歟對
曰河決而北自 先帝不能回而諸公
欲回之是自謂智勇勢力過 先帝
也且河決自元豐導之北流亦自元豐
是非得失今日無所預諸公不因其舊
而修其未完乃欲取而回之其爲力
也被難而其爲責也重矣晦叔唯唯
曰當與諸公籌之旣而回河之議紛紛
而起晦叔亦以病沒轍遷戶部侍郎嘗
因轉對言曰財賦之原出於四方而委於
中都故善爲國者藏之於民其次藏之
州郡州郡有餘則轉運司常足轉運司旣
足則戶部不困唐制賦稅其一上供其一
送使其一留州比之於今

補脫文三百九十字

欲求富國而先困轉運司轉運司旣困則上供不繼上供不繼而戶部亦憊矣兩司旣困故內帑別藏雖積如邱山而委爲朽壤無益於算故臣願舉近歲 朝廷無名封樁之物歸之轉運司蓋禁軍闕額與差出衣糧淸汴水腳與外江綱船之類一經擘畫例皆封樁夫闕額禁軍尋當以例物招置而出軍衣糧罷此給彼初無封樁之理至於淸汴水腳雖減於舊而洛口費用實倍於前外江綱船雖不打造而雇船運糧其費特甚重復刻剝何以能堪故臣謂諸如此比當一切罷去況 祖宗故事未嘗有此但有司固執近事不肯除去惟 陛下斷而與之則轉運司利柄稍復而戶部

亦有賴矣　朝廷重違近制卒不能改尋又言臣謹以　祖宗故
事考今日本部所行體例不同利害相遠恐合隨事措置以塞弊
原謹昧死具三弊以聞其一曰分河渠案以爲都水監其二曰分
冑案以爲軍器監其三曰分修造案以爲將作監三監皆隸工部
則本部所專其餘無幾出納損益制在他司頃者司馬光秉政知
其爲害嘗使本部收攬諸司利權當時所收不得其要至今三案
猶爲他司所擅深可惜也　祖宗參酌古今之宜建立三司所領
天下事幾至大半權任之重非他司比推原其意非以私三司也
事權分則財利散雖欲求富其道無由蓋國之有財猶人之有飲

食飲食之道當使口司出納而腹制多寡然後分布氣血以養百骸耳目賴之以爲明手足賴之以爲力若不專任口腹而使手足耳目得分治之則雖欲求一飽不可得矣而况於安且壽乎今戶部之在　朝廷猶口腹也而使他司分治其事何以異此自數十年以來羣臣不明　祖宗之意每因一事不舉輒以三司舊職分建他司利權一分用財無藝他司以辦事爲效則不䘏財之有無戶部以給財爲功則不問事之當否彼此各營一職其勢不復相知雖使戶部得才智之臣終亦無益能否同病府庫卒空今不早救後患必甚昔嘉祐中京師頻歲大水大臣始取河渠案置都水

監置監以來比之舊案所補何事而大不便者河北有外監丞侵
奪轉運司職事轉運司之領河事也郡之諸埽埽之吏兵儲蓄無
事則分有事則合水之所向諸埽趨之吏兵得以併功儲蓄得以
併用故事作之日無暴斂傷財之患事定之後徐補其闕兩無所
妨自有丞監據法責成緩急之際諸埽不相爲用而轉運司不勝
其弊矣此工部都水監爲戶部之害一也　先帝一新官制並建
六曹隨曹付事故三司故事多隸工曹名雖近正而實非利昔胄
案所掌今內爲軍器監而上隸工部外爲都作院而上隸提刑司
欲有興作戶部不得與議訪聞河北道近歲爲羊渾脫動以千計

雖知不便而以工部之事不敢復言此工部將作監爲戶部之害
一歲所用幾何取此積彼未用之間有無損毀而遂爲此計本部
歲有科制遂令般運推積以破出賣之計臣不知將作見工幾何
須積八損爛創令出賣上下皆以爲當指揮未幾復以諸處營造
今一部以辦職爲事則緩急利害誰當議之　朝廷近以須擴竹
之害二也昔修造案掌百工之事事有緩急物有利害皆得專之
應副廂財官物若事在轉運司必不至此工部都作院爲戶部
必至壞敗　朝廷無出兵之計而有司營職不顧利害至使公私
運般之用必軍行之水通渡無船然後須之而其爲物稍經歲月

三也凡事之類此者多矣臣不能遍舉也故願　明詔有司罷外
水監丞舉河北河事及諸路都作院皆歸轉運司至於都水軍器
將作監皆兼隸戸部使定其事之可否裁其費之多少而工部任
其功之良苦程其作之遲速苟可否多少在戸部則傷財害命戸
部無所逃其責矣苟良苦遲速在工部則敗事乏用工部無所辭
其譴矣利出于一而後天下貧富可責之戸部矣　朝廷以爲然
從之惟都水監仍舊轍自爲中書舍人與范子功劉貢父同詳定
六曹條例子功領吏部元豐所定吏額主者苟悅羣吏比舊額幾
數倍　朝廷患之命量事裁減已再上再却矣子功奉使轍兼領

責

所係也若以分數爲人數必大有所損將大致紛訴雖　朝廷亦
莫應獨李之儀對曰是誠可爲也即與之議之曰此釐吏身許
專定其分數則吏額多少之根無所逃矣輒以其言遍聞屬官皆
至一分輕者至一釐以下積若干分而爲一人今若取逐司兩月
於小事此吏額多少之大情也舊法日生事以難易分七等重者
多以分所得今行重法給重祿賂比舊爲少則不忌人多而幸
不加舊而用吏至數倍何也昔無重法重祿吏通賂則不欲人
選事之煩劇莫過此矣昔銓吏止十數而今左選吏至數十事
其事吏有白中孚者進曰吏額不難定也昔之流內銓今侍郎左

將不能守乃具以白宰執請據實立額挨吏之年滿轉出或事故死亡者勿補及額而止不過十年羨額當盡功雖稍緩而見吏知非身患不復怨矣諸公以爲然遂申尚書省取諸司兩月生事諸司吏皆疑懼莫肯供再申乞榜諸司使知所立額挨他日見闕不補非法行之日即有減損也榜出文字即具至是成書以申三省左僕射呂微仲大喜欲攘以爲已功以問三省吏皆莫曉有諸司吏任永壽者頗知其意微仲悅之於尚書省創吏額房使永壽與三省吏數人典之小人無遠慮而即於功利即背前約以立額日裁省吏員復以好惡改易諸吏局次凡近下吏人惡爲上名所壓者即爲撥出上名於他司闕

慢司介欲入要地者自寺監擬入省曹之類是也凡奏上行下皆微仲事之不復經三省
法出中外洶洶微仲自為御史所攻承詩亦以忿橫贓汙以徒罪
剌配凡之微仲知眾不伏乃使左右司再加詳定畧依本議行下
時子瞻自翰林學士出知餘杭　朝廷即命轍代為學士尋又兼
權吏部尚書未幾奉使契丹虜以其侍讀學士王師儒館伴師儒
稍讀書能道先君及子瞻所為文曰恨未見公全集然亦既誦服
伏苓賦等虜中類相愛敬者

蘇文定公文后集卷第十一

十一終

欒城後集卷之十三

宋眉山蘇轍子由著

明東吳王執禮子敬　顧天叙初父校

潁濱遺老傳下

還朝為御史中丞命由中出宰相以下多不懷所厲御史率以近格不用自元祐初革新庶政至是五年矣一時人心已定惟元豐舊黨分布中外多起邪說以搖撼在位呂微仲與中書侍郎劉莘老二人尤畏之皆持兩端為自全計遂建言欲引用其黨以平舊怨謂之調停　宣仁后疑不決轍於延和面論其非退復再以

劄子論之其一　曰臣近面論君子小人不可竝處　朝廷竊覵
聖意似不以臣言爲非者然天威咫尺言詞迫遽有所不盡退伏
思念若使邪正竝進皆得預聞　國事此治亂之幾而　朝廷所
以安危者也臣謏蒙　聖恩典司邦憲臣而不言誰當救其失者
謹復稽之古今考之聖賢之格言莫不謂親近君子斥遠小人則
人主尊榮國家安樂疏外君子進任小人則人主憂辱國家危
殆此理之必然非一人之私言也其於周易所論尤詳皆以君子
在內小人在外爲天地之常理小人在內君子在外爲陰陽之逆
節故一陽在下其卦爲復二陽在下其卦爲臨陽雖未盛而居中

得地聖人知其有可進之道一陰在下其卦為姤一陰在下其卦

為遯陰雖未壯而聖人知其有可畏之漸若夫居天地之正得陰

陽之和者惟泰而已泰之為象三陽在內三陰在外君子既得其

位可以有為小人奠居於外安而無怨故聖人名之曰泰泰之言

安也言惟此可以久安也方泰之時若君子能保其位外安小人

使無失其所則天下之安未有艾也惟恐君子得位因勢陵暴小

人使之在外而不安則勢將必至於反覆故泰之九三曰無平不

陂無往不復竊惟聖人之戒深切詳盡所以誨人者至矣獨未聞

以小人在外憂其不悅而引之於內以自遺患者也故臣前所上

劄子亦以謂小人雖决不可任以腹心至於牧守四方奔走庶務各隨所長無所偏廢寵禄恩賜彼此如一無一可指如此而已若遂引而寘之於內是猶畏盜賊之欲得財而導之於寢室知虎豹之欲食肉而開之以坰牧天下無此理也且君子小人勢同氷炭同處必爭一爭之後小人必勝君子必敗何者小人貪利忍恥擊之難去君子潔身重義知道之不行必先引退故古語曰一薰一蕕十年尚猶有臭蓋謂此矣　先帝以聰明聖智之資疾頽靡之俗將以綱紀四方追迹三代今觀其設意本非漢唐之君所能髣髴也而一時臣佐不能將順　聖德造作諸法率皆民所不悅及

造語言動搖貴近脅之以禍誘之以利何所不至臣雖未聞其言
執柄二十年矣建立黨與布滿中外一旦失勢睥睨者多是以創
臣被禍蓋不足言臣所惜者 祖宗朝廷也蓋自熙寧以來小人
人若返豈肯徒然而已哉必將戕害正人漸復舊事以快私忿人
者惑於浮說乃欲招而納之與之共事欲以此調停其黨臣謂此
不加譴責而宥之於外蓋已厚矣今者政令已孚事勢大定而議
措 朝廷雖不加斥逐其勢亦自不能復留矣尚賴 二聖慈仁
事之臣皆布列於朝自知上逆天意下失民心徬徨躑躅若無所
二聖臨御因民所願取而更之上下忻慰當此之際 先朝用

而槩可料矣聞者若又不加審察遽以爲然豈不過甚矣哉臣聞管仲治齊奪伯氏駢邑三百飯蔬食沒齒無怨言諸葛亮治蜀廢廖立李嚴爲民徙之邊遠久而不召及亮死二人皆垂泣思亮夫駢立嚴三人者皆齊蜀之貴臣也管葛之所以能戮其貴臣而使之無怨者非有他也賞罰必公舉措必當國人皆知所與之非私而所奪之非怨故雖仇讐莫不歸心耳今臣竊觀　朝廷用捨施設之間其不合人心者尚不爲少彼既中懷不悅則其不服固宜今乃直欲招而納之以平其隙臣未見其可也詩曰無競維人四方其訓之　陛下誠以異同反覆爲憂惟當久任才性忠良識慮

明審之士但得四五人常在要地雖未及皐陶伊尹而不仁之人
知自遠矣惟　陛下斷自聖心不爲流言所惑毋使小人一進後
有噬臍之悔則天下幸甚臣既待罪執法若見用人之失理無不
言言之不從理不徒止如此則異同之迹益復著明不若　陛下
早發英斷使彼此泯然無迹可見之爲善也奏入　宣仁后命宰
執於簾前讀之仍諭之曰蘇轍疑吾君臣遂兼用邪正其言極中
理諸公相從和之自此參用邪正之說衰矣轍復奏曰聖人之德
莫如至誠至誠之功存於不息有能推至誠之心而加之以不息
之久則天地可動金石可移况於斯人誰則不服臣伏見　太皇

太后陛下　皇帝陛下隨時弛張改革弊事因民所惡屏去小人天下本無異心羣黨自作浮議近者　德音一發衆心渙然正直有依人知所嚮惟　二聖不移此意則天下誰敢不然衛多君子而亂不生漢用汲黯而叛者寢苟存至誠不息之意自是太平可久之功此實社稷之福天下之幸也然臣以謂昔所柄任其徒實繁布列中外豈免窺伺若　朝廷施設必當則此輩覬望自消昔田蚡爲相所爲貪鄙則竇嬰灌夫睥睨宮禁諸葛亮治蜀行法廉平則廖立李嚴雖流徙邊郡終身無怨此則保國寧人之要術自古聖賢之所共由者也臣竊見方今天下雖未大治而　祖宗綱

紀具在州郡民物粗安若大臣正己平心無生事要功之意因弊修法爲安民靖國之術則人心自定雖有異黨誰不歸心向者異同反覆之心蓋亦不足慮矣但患　朝廷舉事類不審詳曩者黃河北流正得水性而水官穿鑿欲導之使東移下就高汨五行之理及　陛下遣官按視知不可爲猶或固執不從經今累歲回河雖罷減水尚存遂使河朔生靈財力俱困今者西夏青唐外皆臣順　朝廷招來之厚惟恐失之而熙河將吏創築二堡以侵其膏腴議納醇忠以奪其節鉞功未可覬爭已先形　朝廷雖知其非終不明白處置若遂養成邊釁關陝豈復安居如此二事則臣所

謂宜正已平心無生事要功之意者也昔嘉祐以前鄉差衙前民間常有破產之患熙寧以後出賣坊場以雇衙前民間不復知有衙前之苦及元祐之初務於復舊一例復差官收坊場之錢民出衙前之費四方驚顧衆議沸騰尋知不可旋又復雇雇法有所未盡但當隨事修完而去年之秋復行差法雖存雇法先許得差州縣官吏利在起動人戶以差爲便差法一行即時差足雇法雖在誰復肯行臣頃奉使契丹河北官吏皆爲臣言豈　朝廷欲將賣坊場錢別作支費耶不然何故惜此錢而不用竭民力以供官此聲四馳爲損非細又熙寧雇役之法三等人戶並出役錢上戶以

家產高强出錢無藝下戶昔不充役亦遣出錢故此二等人戶不免咨怨至於中等昔旣已自差役今又出錢不多雇法之行最爲其便及元祐罷行雇法上下二等忻躍可知唯是中等則反爲害臣請且借畿內爲比則其餘可知矣畿縣中等之家例出役錢三貫若經十年爲錢三十貫而已今差法旣行諸縣手力最爲輕役農民在官日使百錢最爲輕費然一歲之用已爲三十六貫二年役滿爲費七十餘貫罷役而歸寬鄉得閑三年狹鄉不及一歲以此較之則差役五年之費借於雇役十年賦役所出多在中等如此安得民間不以今法爲害而熙寧爲利乎然　朝廷之法官戶

等六色役錢只得支雇役人不及三年處州役而不及縣役寬剩役錢只得通融鄰路鄰州而不及鄰縣人戶願出錢雇人充役者只得自雇而官不爲雇如此之類條目不便者非一故天下皆思雇役而厭差役今五年矣如此二事則臣所謂宜因弊修法爲安民靖國之術者也臣以聞見淺狹不能盡知當今得失然四事不去如臣等輩猶知其非而況於心懷異同志在反覆幸國之失有以藉口者乎臣恐如此四事彼已默識於心多造謗議待時而發以搖撼衆聽矣伏乞宣諭宰執事有失當改之勿疑法或未完修之無倦苟民心既得則異議自消　陛下端拱以享承平大臣遂

巡以安富貴海內蒙福上下所同豈不休哉然大臣怙權恥過終
莫肯改此輙爲執政三省又奏除李清臣爲吏部尚書給事中范
祖禹封還　詔書進呈不允祖禹執奏如初左正言姚勔亦言不
當三省復除蒲宗孟兵部尚書輙謂諸公且候邦直命下然後議
此如何皆不應及簾前徵仲奏諸部久闕尚書見在人皆資淺未
可用又不可闕官須至用前執政　上有黽俛從之之意輙奏前
日除李清臣給練紛然爭之未定今又用宗孟恐不便　宣仁后
曰奈闕官何輙曰尚書闕官已數年何嘗闕事今日用此二人正
與去年用鄧温伯無異此三人者非有大惡但昔與王珪蔡確輩

僉進意思與今日　聖政不合見今尚書共闕四人若僉用似此
四人使互進黨類氣勢一合非獨臣等耐何不得亦恐　朝廷難
耐何矣且　朝廷只貴安靜如此用人臺諫安得不言臣恐自此
鬧矣　宣仁后曰信然不如且靜諸公遂卷除目持下轍又奏臣
去年初作中丞首論此事　聖意似以臣言爲然今未及一年備
位於此若遂不言實恐　陛下怪臣前後異同　上曰然乃退六
年春　詔除尚書右丞轍上言臣幼與兄軾同受業先臣薄祐早
孤凡臣之宦學皆兄所成就今臣蒙　恩與聞　國政而兄適亦
召還本除吏部尚書復以臣故改翰林　承旨臣之私意尤不遑

界　朝廷許之本約地界已定然後付以歲賜久之議不決明年
其一西邊事其二黃河事初夏人來賀　登極相繼求和且議地
故天下事卒不能大有所正至今愧之蓋是時所爭議大者有二
覺之莘老既以罪去微仲知轍無他有相安之意然其為人則如
甚莘老昔為中司臺中舊僚多為之用前後非意見攻　宣仁后
微仲惟進退士大夫莘老陰竊其柄微仲不悟也轍居其間迹危
微仲與劉莘老為左右相微仲直而闇莘老曲而意[之]事大事皆決於
褰臣新命得與兄同備從官竭力圖報亦未必無補也不聽[踰年遷門下侍郎]時呂
安況兄軾文學政事皆出臣上臣不敢遠慕古人舉不避親只乞

屢多保忠以兵襲涇原殺掠弓箭手數千人而去　朝廷隱忍不問卽遣使往賜策命夏人受禮倨慢以地界爲詞不復入謝且再犯涇源四年乃復來賀　坤成且議地界　朝廷急於招納疆議未定先以歲賜予之尋覺不便乃於疆事多方侵求不守定約而熙河將佐范育种誼等又背約侵築質孤勝如二堡夏人隨卽平盪育等又欲以兵納趙醇忠又擅招蕃部十餘人　朝廷却而不受西邊騷然轍力言其非乞罷育誼更擇老將以守熙河　宣仁后深以爲是而大臣主之轍面奏此輩皆大臣親舊不忍壞其資任雖其同列亦不敢異議　陛下獨不見黃河事乎當時　德音

宣諭至深至切然非大臣意至今不了人君與人臣事體不同人
臣雖明見是非而力所不加須至且止人主於事不知則已知而
不得行則事權去矣臣今言此蓋欲　陛下收攬威柄以正君臣
之分而已若專聽其所爲不以漸制之及其太甚必加之罪只如
韓維專恣太甚范純仁阿私太甚皆不免逐去事至如此豈　朝
廷美事故臣之意蓋欲保全大臣非欲害之也　宣仁后極以爲
然而不能用六年六月熙河奏夏人十萬騎壓通遠軍境上挑掘
所爭崖巉殺人三日而退乞因其退軍未能復出急移近裏堡寨
於界上修築乘利而往不須復守誠信諸公會議都堂轍謂微仲

令欲議此事當先定議欲用兵耶不用兵耶徵仲曰如合用兵亦不得不用轍曰凡欲用兵先論理之曲直我若不直則兵決不當用 朝廷頃與夏人商量地界欲用慶曆舊例以漢蕃見今住坐處當中爲界此理最爲簡直夏人不從 朝廷遂不固執盡朝廷臨事常患先易後難此所謂先易者也旣而許於非所賜城寨依綏州例以二十里爲界十里爲堡鋪十里爲草地非所賜城寨指謂延州塞門義合石州吳堡蘭州諸城寨通遠軍定西城要約纔定 朝廷又要於兩寨界首相望侵係蕃地一抹取直夏人黽俛見從要約未定 朝廷又要蕃界吏留草地十里通前三十里夏人亦又見許凡此所謂後難者也

今者又欲於定西城與隴諾堡相望一抹取直所侵蕃地凡百數十里隴諾　祖宗舊疆豈所謂非所賜城寨耶此則不直致寇之大者也今雖欲不顧曲直一面用兵不知　二聖謂何華老曰持不用兵之說雖美然事有須用兵者亦不可固執轍曰相公必欲用兵須道理十全敵人橫來相加勢不得已然後可耳今吾不直如此兵起之後兵連禍結三五年不得休將奈何諸公乃許不從熙河之討明日面奏之轍曰夏人引兵十萬直壓熙河境上不於他處作過專於所爭處殺人掘崖巉此意可見此非西人之罪皆朝廷不直之故微仲曰　朝廷指揮亦不至大段不直轍曰熙

河帥臣輒敢生事奏乞不守誠信乘夏人抽兵之際移築堡寨臣
以爲方今堡寨雖或可築至秋深馬肥夏人能復引大兵來爭此
否諸人皆言今已不許之矣轍曰臣欲詰責帥臣耳若不加詰責
或再有陳乞諸人皆曰候其再乞詰責未晚　宣仁后曰邊防忌
生事早與約束諸人乃聽已而蘭州又以遠探爲名深入西界殺
十餘人轍曰邊臣貪功生事不足以示威徒足以敗壞疆議理須
戒敕不聽既又以防護打草爲名殺六七人生擒九人徽仲知不
便欲送還生口因奏其事轍曰邊臣貪冒小勝不顧大計極害事
今送還九人甚善可遂戒敕邊臣徽仲不欲曰近日延安將副李

儀等深入陷没已責降一行人足以爲戒轍曰李儀深入以敗事

被責蘭州深入得功若不戒敕將謂　朝廷責其敗事而喜其得

功也　宣仁后曰然乃加戒敕然七年夏人竟大入河東　朝廷

乃議絶歳賜禁和市使沿邊諸路爲淺攻討命熙河進築定遠城

夏人不能争未幾復大入環慶復議使熙河進築汝遮中書侍郎

范子功獨不可轍度其意昔延安帥臣趙卨范氏姻家也方議地

界以綏州二十里爲例議出於卨熙河斥其不可議久不决而卨

死故子功持之轍謂之曰綏州舊例施於延安可耳熙河遠者或

至七八十里其不從宜矣方論國事親舊得失不宜置胸中也衆

皆稱善而子功悻然不服會西人乞和議遂不成未幾右相蘇子容以事去位子功以同省待罪因遂其請實以汝遮故也轍自爲諫官論黃河東流之害及爲執法最後論三事其一存東岸清豐口其二存西岸披灘水口其三除去西岸激水鋸牙　朝廷以付河北監司惟以鋸牙爲不可去轍於殿廬中與微仲論之微仲曰無鋸牙則水不東水不東則北流必有患轍曰然北京百萬生靈歲有決溺之憂何以救之且分水東入故道見今淤合者多矣分水之利亦自不復能久若旋漲水已過盡力修完北流隄防使足勝漲水之暴然後徹去鋸牙免北京危急此實利也莘老曰河北

監司不如此言奈何轍曰公豈不知外官多所觀望耶徽仲曰河事至大難以臆斷轍曰彼此皆非目見當以公議參之耳及至上前二相皆以分水爲便轍具奏前語且曰必欲重愼候漲水過故道增淤卽併力修完北隄然後轍去鋸牙庶幾可也退至都堂二相遽批・聖語曰依都水監所定轍語堂吏適所奏不然莘老失措徽仲知不可乃曰明日別議卒改批不得添展乃已八年正月都水吳安持乞於北流作軟堰定河流以免淤塡時徽仲在告轍奏曰　先帝因河決大吳導之北流已得水性惟隄防未完每歲不免決溢此本黃河常事耳是時北京之南黃河西岸有闕村

樊村三門遇河水泛溢卽開此三門分水北行於無人之地至北京北合入大河故北京生聚無大危急自數年來大臣創議回河水官王孝先吳安持等卽塞此三門貼築西隄又作鋸牙馬頭約水向東直過北京之上故北京連年告急然約水旣久東流遂多於往歲蓋分流有利有害秋水泛漲分入兩流蹔時且免決溢此分水之利也河水重濁緩則生淤旣分爲二不得不緩故今日北流淤塞此分水之害也然將來漲水之後河流東北蓋未可知臣等昨於都堂問吳安持安持亦言去年河水自東今年安知河水不自北　宣仁后笑曰水官尙作此言況他人乎轍又奏曰

臣今但欲徐觀夏秋河勢所向水若東流則北流不塞自當淤斷水若北流則北河如舊自可容納似此處置安多危少行之無疑若行嶮徼倖萬一成功如水官之意臣不敢從也乞先令安持等結罪保明河流所向及軟堰既成有無塡塞河道致將來之患然後遣使按行具可否利害　后復笑曰若令結罪必謂執政脅持之且水官猶不保河之東北況使者蹔往乎姑別議之可也二月微仲乃朝轍具以前語諭之微仲口雖不伏而意甚屈曰軟堰且令具功料申上　朝廷更行相度轍曰如此終非究竟必欲且爾亦可八日轍方在式假三省得　旨批曰依水監所奏下手曰具

功料取　旨轍以非商量本意以劄子論之徵仲即日在告十二
日轍入對奏曰自去年十一月後來至今百日間耳水官凡四次
妄造事端摇撼　朝廷第一次安持十一月出行河先乞一面措
置河事舊法馬頭不得增損臣知安持意在添進馬頭即指揮除
兩河門外許一面措置安持姦意既露第二次乞於東流北添進
五七掃緷臣知安持意欲因此多進掃緷約令北流入東即令轉
運司同監視不得過所乞緷數安持姦意復露第三次即乞留河
門百五十步臣知安持意在回河取進馬頭之名爲留河門即不
許安持計窮第四次即乞作軟堰凡安持四次擘畫皆回河意耳

臣昨已令中書問工房水監兩事其一 勘會北流元祐二年河門
元濶幾里逐年開排直至去年只濶三百二十步有何緣故其二
勘會東流河門見濶幾步每年漲水東出水面南北濶幾里南面
有無隄岸北京順水隄不没者幾尺將來北流若果淤斷漲水東
行係合併北流多少分數有無包畜不定今兩問猶未答便即施
行實太草草 后嗟歎久之深以所言為然二十四日與微仲同
進呈微仲曰蘇轍所議河事令軟堰已不可作無可施行轍曰軟
堰本自不可作然臣本論吳安持百日之間四次妄造事端動揺
朝聽若令依舊供職病根不去河朔被害無已微仲曰水官弄

泥弄水別用好人不得所以且用安持轍曰水官職事不輕奈何以小人主之易曰開國承家小人勿用未聞小人有可用之地也此後是非終不能決會　宣仁晏駕九年正月安持奏乞塞梁村口縷張包口開清豐口以東雞爪河八日轍以祈穀宿齋三省郎令安持與北京留守司相度施行時微仲爲山陵使行有日矣轍見之待漏語及河事微仲直視曰此大事不可不愼轍曰誠然公亦宜愼之時范堯夫爲右相舊不直東流轍告之曰當與微仲議定乃令西去堯夫曰命已下奈何轍曰事有理誰敢不從議於皇儀門外再降指揮使都水與本路安撫提轉同議可即施行有異

議至以聞堯夫自外來始意轍與微仲比及此大相信服既而安
撫許冲元乞候過漲水因河所向閉所不行口堯夫奏乞令許將
與吳安持同議一面施行轍曰河勢難定恐須令諸司共議乃得
其實　上以爲然既行　上特宣喻曰河事不小可遣兩制以上
二人按行相度堯夫曰河役已起方議遣官恐稽留役事　上曰
但使議論得實雖遲一年何損乃　命中書舍人呂希純殿中侍御
史井亮采往視之二人歸極以北海爲便方施行樞密簽書劉仲
馮援舊例乞與河議仲馮本文潞公吳冲卿門下士也其言紛然
呂井之議遂格而轍亦以罪見逐於是河流遂東凡七年而後北

流復通徽仲之在陵下也堯夫奏乞除執政　上卽用李邦直爲
中書侍郎鄧聖求爲尚書右丞三人久在外不得志遂以元豐事
激怒　上意邦直尤力舊法　母后之家十年一奏門客時皇太
妃之兄朱伯材以門客奏徐州富人竇氏堯夫無以裁之一日日
中請輙於都堂與邦直議之輙曰　上始親政　皇太妃閤中事
當遍議之車服儀制已付禮部矣　皇太后月費尚書省已奏乞
依　太皇太后矣　皇太妃宜付戶部議定至於奏薦亦當議有
所予付吏部可也凡事付有司必以法裁處　朝廷又酌其可否
而後行於體爲便明日奏之　上曰月費旋內中批出奏薦　皇

太后家臧二年　皇太妃十年議已定邦直獨曰此可爲後法今
姑予之可也　上從之邦直之附會類如此會廷策進士邦直撰
策題節爲邪說以扇惑羣聽轍論之曰伏見　御試策題歷詆近
歲行事有欲復熙寧元豐故事之意臣備位執政不敢不言然臣
竊料　陛下本無此心其必有人妄意　陛下牽於父子之恩不
復深究是非遠慮安危故勸　陛下復行此事此所謂小人之愛
君取快於一時非忠臣之愛君以安社稷爲悅者也臣竊觀　神
宗皇帝以天縱之才行大有爲之志其所施設度越前古蓋有百
世而不可改者也臣請爲　陛下指陳其畧　先帝在位近二十

年而終身不受尊號裁損宗室恩止袒免減　朝廷無窮之費出賣坊場雇募衙前免民間破家之患罷黜諸科誦數之學訓練諸將慵惰之兵置寄祿之官復六曹之舊嚴重祿之法禁交謁之私行淺攻之策以制西戎收六色之錢以寬雜役凡如此類皆　先帝之睿算有利無害而元祐以來上下奉行未嘗失墜者也至於其他事有失當何世無之父作之於前子救之於後前後相濟此則聖人之孝也漢武帝外事四夷內興宮室財用匱竭於是修鹽鐵榷酤均輸之政民不堪命幾至大亂昭帝委任霍光罷去煩苛漢室乃定光武顯宗以察為明以讖決事天下恐懼人懷不安章

帝即位深鑒前失代之以寬愷敎之政後世稱焉及我本朝　眞
宗皇帝右文偃革號稱太平羣臣因其極盛爲天書之說及　章
獻明肅太后臨御攬大臣之議藏書梓宮以泯其迹　仁宗聽政
亦絕口不言天下至今韙之　英宗皇帝自藩邸入繼大臣過計
創濮廟之議　朝廷爲之洶洶者數年及　先帝嗣位或請復舉
其事寢而不答遂以安靖夫以漢昭章之賢與吾　仁宗　神宗
之聖豈其薄於孝敬而輕事變易也哉蓋有不可不以　廟社爲
重故也是以子孫既獲孝敬之實而父祖不失聖明之稱此眞明
君之所務不可與流俗議也臣不勝區區願　陛下反覆臣言愼

勿輕事改易若輕變九年已行之事擢任累歲不用之人人懷私忿而以　先帝爲詞則大事去矣奏入不報再以劄子面論之上不悅李鄧從而媒蘖之乃以本官出知汝州居數月元豐諸人皆會於朝再謫知袁州未至降授朝議大夫分司南京筠州居住居三年責授化州別駕雷州安置未朞年或言方南行兄弟相遇中塗至雷賃富民屋以居復移循州　今上卽位大臣猶不悅徙居永州　皇子生復徙岳州已乃復舊官提舉鳳翔上淸太平宮有田在潁川乃卽居焉居二年　朝廷易相復降授朝請大夫罷祠宮凡居筠雷循七年居許六年杜門復理舊學於是詩春秋傳

四下低一格

脫世字

老子解古史四書皆成嘗撫卷而歎自謂得聖賢之遺意繕書而藏之顧謂諸子今世已矣後有達者必有取焉耳家本眉山貧不能歸遂築室於許先君之塋在眉山之東昔嘗約祔於其庚雖遠不忍負也以是累諸子矣予居潁川六年歲在丙戌秋九月閱篋中舊書得平生所爲惜其久而忘之也乃作潁濱遺老傳凡萬餘言已而自笑曰此世間得失耳何足以語達人哉昔予年四十有二始居高安與一二衲僧游聽其言知萬法皆空惟有此心不生不滅以此居富貴處貧賤二十餘年而心未嘗動然猶未覩夫實相也及讀楞嚴以六求一以一除六至于一六兼忘雖踐諸相皆

無所礙乃油然而笑曰此豈實相也哉夫一猶可忘而況遺老傳乎雖取而焚之可也

後集第十三

欒城後集卷之十三終

癸丑六月初八日校是日大雨寒甚可御重棉

有目四行

欒城後集卷之十四

宋眉山蘇轍子由著

明東吳王執禮子敬　顧天叙禮初　仝校

冊文一首

大行太皇太后謚冊文進冊文劄子附一首

維元祐某年歲次甲子某月甲子朔某日甲子孝孫嗣　皇帝臣某謹再拜稽首言曰臣聞聖人之興默契天運昔　眞祖　仁祖之際　章獻臨御歲周一紀實能協和神人以綏靖國家逮我聖考蚤厭萬國惟末小子未堪多難則亦　聖祖母躬受其艱始

終九年臣民以寧社稷以固欲報之德未獲其所惟用人以謹事
神以諡冊名明詔 聖德以示後嗣庶幾不忘世以爲憲恭惟
大行太皇太后實天生德作合 皇祖無私如天博愛如地內自
宮省之祕外薄華戎之廣不言德澤以生以成昔在景德北戎弗
若時則烈武參定大計師于澶淵克遂有功南北底定垂九十年
民獲養生送死功書鼎彝澤加于後及我 仁祖將援宣孝以奠
天位亦惟慈聖實以從母先識潛德宜于家施及朝廷元豐之
末天地震烈疾方彌留擧公卿士拱手相視罔知所措而大策中
定鼎天爲謀肆時冲人實主神器惟雖既施號令時敘稽于衆庶

庸一二老政無舊新以便民爲先人無戚疏以守正爲用故士恥奇衺民知嚮方耕田而食遂底于今雨暘小愆責躬菲食饑饉時告振廩輟漕憂世之心常若不及人賴其賜神享其誠熏然和平無大烖害間修咸平之政大弛逋責中外所釋以千萬計饑寒者得以衣食流散者得以安處歌舞之音流于四方遼人恃和時肆猾姦一聞信義斂然知畏迄無一言之爭夏人恃遠更出侵擾一被恩德屢畔仍屈卒爲乞盟之計雖燕處于中實大乂于萬邦究觀設施莫見其朕惟約心以公自二王一主洎于外家均遇以法無僥倖之求處躬以儉自飲食服器至于宮室取足于用無華靡

之飾雖履大位以天下養而歲月之奉子弟之薦猶是長樂之故
是以貴思近習相視而愧元臣耋老聞風而歎不言而化成不威
而心服自三代漢唐一人而已若夫　先后舊儀具在有司每自
抑畏置而弗舉受冊之禮當在文德也而退卽於崇政明堂之賀
當在集英也而儀止於東闈將成宣光則原廟之設自處於治隆
將損任子則族人之恩下比於列辟凡輕於約身而重於違禮推
之庶政蓋有不可勝言者矣臣夙遭閔凶未習師保之訓提攜閔
閔若農之望歲誘之以詩書之樂滋之以勸講之良示之以聽納
之寬導之以決斷之明久而弗忘遂以成性方將萃德以自廣致

養以盡誠而命之弗知哀恫邦國臨朝惘然未知攸濟易月之制既弗敢違因山之期兹復以告是用博訪于卿士受命于　祖宗惟德之王不可以名言而功之隆不可以數舉敢因古人一惠之義益以累朝四謚之法庶以盡子孫之誠而慰海內之望謹遣攝太尉右光祿大夫守尚書左僕射兼門下侍郎上柱國汲郡開國公食邑六千三百戶食實封二千戶臣呂大防奉冊寶上尊謚曰宣仁聖烈太皇太后伏惟靈德在天合名垂世光配廟祏賁于太史沒而不亡永永無極於乎哀哉謹言

附進謚冊文劄子一首

臣奉　敕差撰　大行太皇太后謚册文幷書謚册謚寶者臣
學以病衰書無師法受命震恐久不成章然念頃自元祐之初
召還諫省漸更侍從復預丞弼前後八載未嘗一日不在　朝
廷耳聞號令目覩風化躬侍帷幄親承德音其於　大行太皇
太后聖德休功實稍究萬一況近者因稟呈謚法復面承　聖
訓稱道盛美多昔所未聞雖文詞鄙拙不足以稱　陛下追崇
聖母孝思罔極之懷而直紀事實畧無一詞稍涉虛美施之
四方可以無愧其册文謹先繕寫進呈謹進

詔二首

改園陵爲山陵手詔一首

大行太皇太后受遺稱制保佑眇躬勤勞九年皁安四海大德未報奄棄東朝布宣末命中外悲怛永惟平日謙恭之至意每避先后臨御之常儀逮茲遺言止以園陵爲號既非朕尊崇之本志又失臣下愛戴之誠宜詔有司易園陵爲山陵餘恭依遺誥

擬答西夏詔書一首

鴻惟　祖宗兼覆中外眷爾西夏號爲父子之邦依我至仁世享爵秩之賜雖叛服非一而懷柔有常頃朕纘服之初深示含容之意釋其往事加以新恩而冊命之使方還冦攘之兵已發將吏憤

怒卿士獻言請興問罪之師以詰稱亂之故朕念爾在位未久勢不自由有臣弗率衆則何咎遂命戢兵以竢尋亦欵塞自歸仍念兵禍以來諸族咸弊是用棄四寨山川之廣畀毎歲賚予之豐開懷不疑施德過厚方畫疆而會議忽掃境以乘虛再犯誓言專求小利罔念自焚之禍屢出無名之師眷彼遺民皆吾赤子姑赦邊吏止爲保境之謀亦許兵間勿拒悔禍之請今觀所奏艮副本心接刄之殃非從我始來庭之順豈不爾容然尚託詞鄰邦失誠請之意多求邊壤非欵伏之宜蓋中國舊疆西蕃故地已有前詔不係可還況復本國前後背誕之餘難執向來委曲聽從之命應今

來所奏乞除延州塞門寨本非所賜已指揮鄜延經畧司依前後
朝旨分畫及通遠軍定西城東北界見有漢蕃兵民住坐去處已
指揮熙河經畧司依前後朝旨與夏國商量分畫可差官前去熙
州議定其餘並依所乞仍候畫界了日依舊別進誓表然後常貢
入賜一切復初朕本推誠心坦無疑間雖經反覆猶示寛恩尚恪
守於信言庶永綏於蕃服

策題二首

擬殿試策題 准備 元祐中

皇帝若曰朕奉承　祖宗丕緒上觀三王下覽漢唐考其爲治之

實商周之際其政成於禮樂而以法令輔之至於漢唐其術一出於政刑禮樂雖設而非其所以爲治矣是以三代之盛教化明於上習俗成於下後世有不能繼者然其治亂盛衰朕蓋有疑焉自三代聖賢之君沒而子孫陵替亦與漢唐無異豈禮樂刑政之効遂無以大相過耶今自　祖宗創業積之百餘年間律令明具公卿奉法郡縣循理兵民安業大盜不作四夷馴服求之前世未有治安若此其久也其所以度越三代而超絶漢唐者　祖宗何術而臻此哉雖然朕夙夜東朝祗服明訓居安慮危若蹈泉谷永惟近歲之治雖散利施惠以賙窮困而民日益貧雖勤身節用以阜

財賦而旨日益匱役民之力將以厚其財也而民或告病馭吏以寬將以責其恥也而吏滋不肅河決而西導之使東費不貲矣而功不就羌弱不振招之使來謀既久矣而約不定此六者皆今日之所當慮也子大夫明於古今其講之詳矣特

祖宗磐石之固而忽今日之患則朕所不敢因今日之安而推求

祖宗致治之術則士之所當知也其悉心以陳勿畏勿疑朕將親覽庶幾有補焉

朕惟天下之治須才以濟凡吾左右前後之臣皆儒者也（矣）每三歲一舉所取必異數百猶懼草野之中耆舊好學之士有或遺焉而

不用者是以親策于廷子大夫幼而習之長而欲行之閱天下之義理多矣凡平昔之所懷而欲效之于上者皆何事乎朕既不敏不明惟取士之道未得其要今太學之士動以千計四選之士員累數萬而臨事須才或患不足引而進之則官冗於上抑而排之則士壅於下將制厥中其道何由子大夫身處其間而有不知其說者乎蓋唐虞稽古建官惟百夏商官倍亦克用乂今設官之衆數倍於古蓋尚有可并省者矣古語有之省事不如省官信如斯言則士又何以處之子大夫其推言本統以開釋朕意

欒城後集卷之十四　終

癸酉四月初十日依瞿氏家刊本校訖

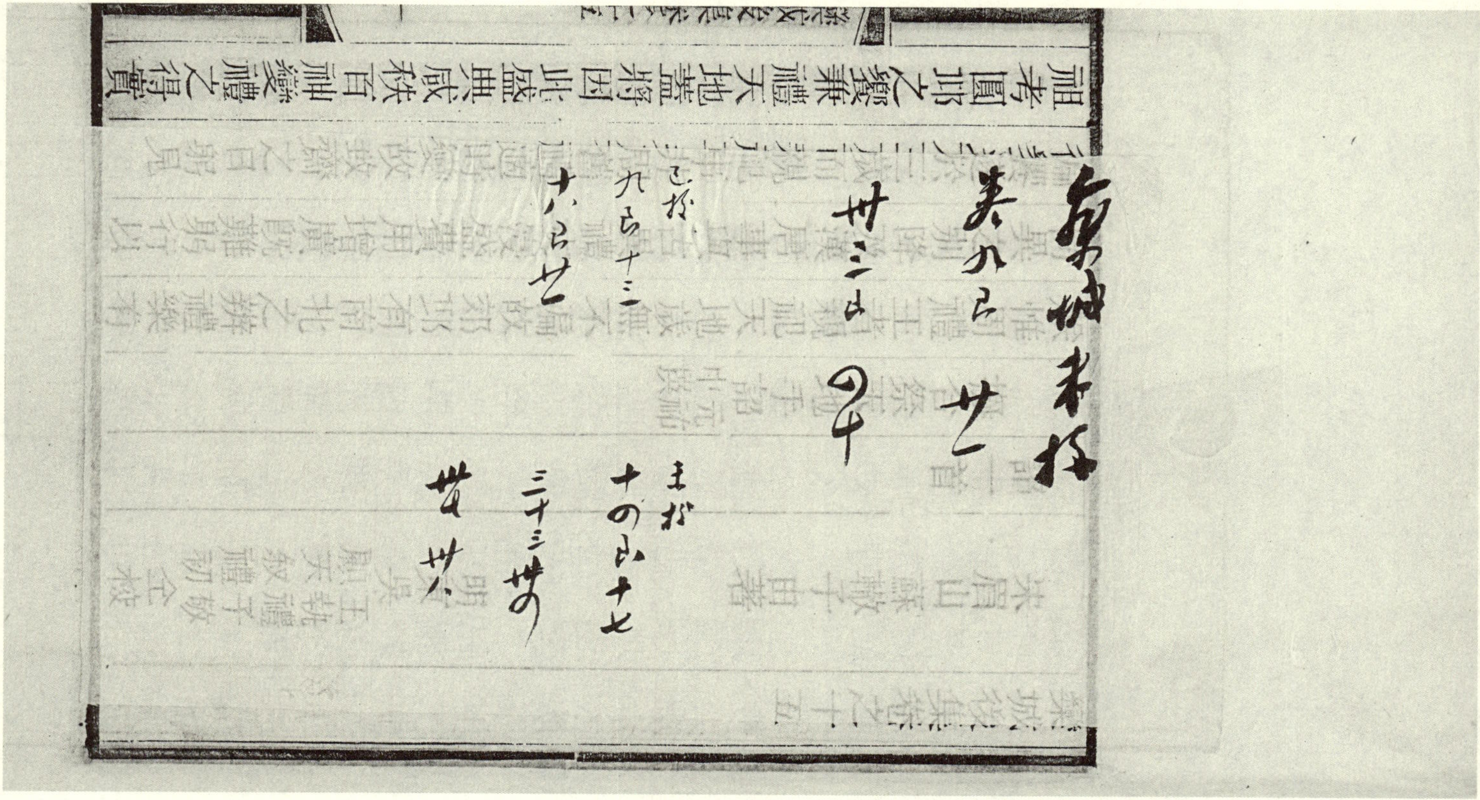

始於此故　祖宗以來常祀從周而親祀用唐神祇顧饗中外蒙
福百有餘年矣乃者元豐之中禮官建議將舉三代之故而革近
世之宜見上帝於南郊禮皇地於北壇二祀特舉議與周合然而
饗廟之制尚從變禮　先帝法古從衆始命親祠北郊如南郊儀
仍具上公攝事之禮朕踐祚臨祭於今八年既已再見昊天未嘗
親奉神媪惟父天母地不可以獨疏故以人揆神凜焉而夕惕博
謀多士參訂輔臣或欲郊祀之歲先行方澤而大禮之舉併在期
年仲夏之時憂於暑雨或欲以夏至之祀施於孟冬而考之前王
初無此制併舉大事勢終難行或欲天地二祀互用三歲而祀天

欒城後集卷之十五

宋眉山蘇轍子由著

明東吳王執禮子敬 顧天叙禮初 仝校

詔一首

擬合祭天地手詔 元祐中撰

朕惟周禮王者親祀天地歲無不徧故郊丘有南北之辨禮樂有同異之別降及漢唐事與古異禮文寖盛費用增廣既難躬行以徧饗遂於三歲而親祀事非周舊禮適時變故致齋之日躬見祖考圓丘之饗兼禮天地蓋將因此盛典咸秩百神變禮之得實

始於此故　祖宗以來常祀從周而親祀用唐神祇顧饗中外蒙福百有餘年矣乃者元豐之中禮官建議將舉三代之故而革近世之宜見上帝於南郊禮皇地於北壇二祀特舉議與周合然而饗廟之制尚從變禮　先帝法古從衆始命親祠北郊如南郊儀仍具上公攝事之禮朕踐祚臨祭於今八年既已再見昊天未嘗親奉神媪惟父天母地不可以獨疏故以人揆神凜焉而夕惕博謀多士參訂輔臣或欲郊祀之歲先行方澤而大禮之舉併在期年仲夏之時憂於暑雨或欲以夏至之祀施於孟冬而考之前王初無此制併舉大事勢終難行或欲天地二祀互用三歲而祀天

廢地祇既未允以卑奉尊禮尤非順國之大事朕何敢專是用存

先帝之新儀昭示稽古之訓循　祖宗之故事一本於禮之實

將來南郊合祭天地並以百神從祀指揮如熙寧十年以前舊制其

元豐六年親祠北郊及上公攝事儀注並令太常寺檢討元敕如

法收藏仍備錄前後文案送國史院及令三省修合用舊典合禮

官詳定儀注聞奏

劄子一首

論合祭天地劄子　時已有旨施行不復上

臣伏見禮官等回議合祭天地之禮其間有以合祭為非者輒考

之禮義參之古今竊謂以合祭爲非者皆按禮而未窮義據古而未達今者也何以言之天子父事天母事地自生民以來未有事父而遺母事天而遺地者也周人之法王者一歲親祀天者四親祀地者二當其時禮文簡而儀衛少又未有肆赦推賞之煩蓋一歲六祭而不爲勞故雖天地別祭而不爲闕也自漢以來事與周異故武宣之間已三歲然後一郊間歲然後一祠后土矣雖禮文殘缺不可復詳然三輔故事有合祭天地之語至平帝元始之初合祭之議始見光武因而行之其後或疏或數或合或別皆無常制不足取法惟唐天寶初始定以三年冬至皇帝合祭天地於圜

邱祀前親饗太淸宮及太廟於是三年一郊而始祖祖廟天地百
神無不咸秩變禮之得實始於此本朝　一祖五宗監觀前世議
定郊祀而以唐制爲是因而行之逮今百有餘年鬼神饗德四海
蒙福則其効槩可見矣嘗竊原　祖宗之意蓋以謂三代舊典時
異事異不可復行然而先王遺法則不可廢是以著之通禮每歲
使有司攝事以示無忘古初而天子親祀則定從三年凡今三年
一郊蓋已非三代之舊則其合祭天地不用三代之故蓋不當復
議矣元豐三年議禮之臣不達此意枉以三代每歲別祭之儀而
非　本朝三年合祭之禮其說初無他義惟有殆非求神以類之

意一句遂於四年有旨北郊親祠並依南郊仍修上公攝事之儀

六年南郊遂罷合祭而北郊之祀迄今不舉其議始於黃履而成

於張璪　先帝重違羣臣俛而從之耳伏惟　皇帝陛下踐祚臨

祭於今八年旣已再見昊天而未始一見皇地事天而遺地有事

父而遺母之嫌推之人情神意不遠故中外有識之士咸願復舉

祖宗故事合祭天地從以百神以逆無疆之休以解天下之惑願

太皇太后　皇帝陛下深惟　祖宗因時施宜之意毋狥諸儒

執禮拘文之說斷自　聖意舉而行之則天下幸甚天下幸甚

叙三首

元祐會計錄敘

臣聞漢祖入關蕭何收秦圖籍周知四方盈虛彊弱之實漢祖賴之以并天下丙吉爲相何奴嘗入雲中代郡吉使東曹考案邊瑣條其兵食之有無與將吏之才否逡巡進對指揮遂定由此觀之古之人所以運籌帷幄之中制勝千里之外者圖籍之功也蓋事之在官必見於書其始無不具者獨患多而易忘久而易滅數十歲之後人亡而書散其不可考者多矣唐李吉甫始簿錄元和國計并包巨細無所不具國朝三司使丁謂等因之爲景德皇祐治平熙寧四書綱羅一時出內之計首尾八十餘年本末相授有司

得以居今而知昔參酌同異因時施宜此前人作書之本意也臣
以不佞待罪地官上承元豐之餘業親覩二聖之新政時事之變
易財賦之登耗可得而言也謹按藝祖皇帝創業之始海內分裂
租賦之入不能半今世然而宗室尚鮮諸王不過數人仕者寡少
自朝廷郡縣皆不能備官士卒精練常以少克衆用此三者故能
奮於不足之中而綽然常若有餘及其列國欵附琛貢相屬於道
府庫充塞創景福內庫入畜金幣爲殄虜之策太宗因之克平太
原眞宗繼之懷服契丹二患既弭天下安樂日登富庶故咸平景
德之間號稱太平羣臣稱頌功德不知所以裁之者於是請封泰

山祀汾陰禮亳社屬車所至費以鉅萬而上清昭應崇禧景靈之宮相繼而起累世之積糜耗多矣其後昭應之災臣下復以營繕爲言大臣出爭章獻感悟沛然遂與天下休息仁宗仁聖清心省事以幸天下然而民物蕃庶未復其舊而夏賊竊發邊久無備遂命益兵以應敵急征以養兵雖間出內藏之積以求紓民而四方騷然民不安其居矣其後西戎既平而已益之兵不復遂汰加以宗子蕃衍充物宮邸官吏冗積員溢於位財之不贍爲日久矣英宗嗣位慨然有救弊之意羣臣諫觀幾見日新之政而大業未遂神考嗣世忿流弊之委積閔財力之傷耗覽政之初爲富國彊兵

之計有司奉承違失本旨始爲青苗助役以病農民繼爲市易鹽鐵以困商賈利孔百出不專於三司於是經入竭於上民力屈於下繼以南征交趾西討拓跋用兵之費一日千金雖內帑別藏時有以助之而國亦憊矣今二聖臨御方恭默無爲求民之疾苦而療之令之不便無不釋去民亦少休矣而西夏不賓水旱繼作凡國之用度大率多於前世當此之時而不思所以濟之豈不殆哉臣歷覩前世持盈守成艱於創業之君蓋盈之必溢而成之必毀物理之至有不可逃者盈成之間非有德者不安非有法者不久昔秦隋之盛非無法也內建百官外列郡縣至於漢唐因而行之

卒不能改然皆二世而亡何者無德以爲安也漢文帝恭儉寡欲
專務以德化民民富而國治後世莫及然身没之後七國作難幾
於亂亡晉武帝削平吳蜀任賢使能容受直言有明主之風然而
亡不旋踵子弟内叛羌胡外亂遂以失國此二帝者皆無法以爲
久也今二聖之治安而靜仁而恕德積於世泰隋之憂臣無所措
心矣然而空匱之極法度不立雖無漢晉强臣敵國之患而數年
之後國用曠竭臣恐未可安枕而卧也故臣願得終言之凡會計
之實取元豐之八年而其爲别有五一曰收支二曰民賦三曰課
入四曰儲運五曰經費五者既具然後著之以見在列之以通表

而天下之大計可以畫地而談也若夫內藏右曹之積與天下分樁之實非昔三司所領則不入會計將著之他書以備觀覽焉臣謹序

收支敘

古者三年耕必有一年之蓄以三十年之通制國用則九年之蓄可跂而待也今者一歲之入金以兩計者四千三百而其出之不盡者二千七百銀以兩計者五萬七千而其出之多者六萬錢以千計者四千八百四十八萬除未盡錢後得此數而其出之多者一百八十二萬并言未破應在及沉支給賜得此數紬絹以匹計者一百五十一萬而其出之多者十七萬穀以石計者二千四百四十五萬而其出之不盡者七十四萬草以束計者七百九十九萬而其出之多者八百一十萬然則一歲之入不足以供一歲之出矣故凡國之經費折長補

短常患不足小有非常之用有司輒求之朝廷待內藏未盈而後足臣身與大計以爲是婾歲月可也數歲之後將有不勝其憂者矣是以輒嘗推原其故方今禁中奉養有度金玉錦繡不逾其舊宮室不修犬馬不玩有司循守法制謹視出入之節未嘗有失也而其弊安在天下久安物盛而用廣亦理之常也顧所以處之如何耳臣請歷舉其數宗室之衆皇祐節度使三人今爲九人矣兩使留後一人今爲八人矣觀察使一人今爲十五人矣防禦使四人今爲四十二人矣百官之富景德大夫三十九人景德爲諸曹郎中今爲二百三十人矣朝奉郎以上一百六十五人景德爲員外郎今爲六百

九十五人矣承議郎一百二十七人景德爲博士今爲三百六十九人
矣奉議郎一百四十八人景德爲三丞今爲四百三十一人矣諸司使
二十七人今爲二百六十八人矣副使六十三人今爲一千一百
一十一人矣供奉官一百九十三人今爲一千三百二十二人矣
侍禁三百一十六人今爲二千一百一十七人矣三省之吏六十
人今爲一百七十二人矣其餘可以類推臣不敢遍舉也昔者郎
止前行卿有定員今之大夫朝議皆無限法尚書侍郎歷改三曹
而今之正議銀青合而爲一官秩併增不知其義夫國之財賦非
天不生非地不養非民不長取之有法收之有時止於是矣而宗

室官吏之衆可以禮法節也祖宗之世士之始有常秩者族闕則補否則循資而已不妄授也仁宗末年任子之法自宰相以下無不減損英宗之初三載考績增以四歲神宗之始宗室祖免之外不復推恩祖免之內以試出仕此四事者使今世欲爲之將以爲逆人心違舊法不可言也而况於行之乎雖然祖宗行之不疑當世亦莫之非何者事勢既極不變則敗衆人之所共知也今朝廷履至極之勢獨持之而不敢議臣實疑之誠自今日而議之因其勢循其理微爲之節文使見任者無損而來者有限今雖未見其利要之十年之後事有間矣賈誼言諸侯之變以謂失今不治必

為痌瘝今臣亦云苟能裁之天下之幸也

[illegible]俗之非可以應法而也甚哉之世曲之交溺俗有法者猶聞則
[illegible]者則循資而已不考較也於宗未乎但守之法自等相因而下無
[illegible]賦於瑣宗之初三世者積弊以因襲轉移之漸至于生神免之積
後撫恩免之內以今出代此四事者遥今世積兮之稱以爲
人也至而治不可得也而况於行之乎亦祖宗行之不無害

民賦敘

古之民政有不可復者三焉曰祖宗以來論事者嘗以爲言而爲政者嘗試其事矣然爲之愈詳而民愈擾事之愈力而功愈難其故何哉古者隱兵於農無事則耕有事則戰安平之世無廩給之費征伐之際得勤力之士此儒者之所歎息而言也然而臨事之初爲保甲之令民始嫁母贅子斷壞支體以求免丁及其既成子弟挾縣官之勢以邀其父兄擅弓劍之技以暴其鄉黨至今河朔京東之盜皆保甲之餘也其後元豐之中爲保馬之法使民計產養馬畜馬者衆馬不可得民至持金帛買馬於江淮小不中度輒

斥不用郡縣歲時閱視可否權在醫駔民不堪命民兵之害乃至於此此所謂不可復者一也周官泉府之制凡民之貸者以國服爲之息貸而求息三代之政有不然者矣詩曰倬彼甫田歲取十千我取其陳食我農人自古有年而孟子亦云春省耕而補不足秋省斂而助不給古蓋有是道矣而未必有常數亦未必有常息也至於熙寧青苗之法凡主客戶得相保任而貸其息歲取十二出入之際吏緣爲姦請納之勞民費自倍凡自官而及私者率取二而得一自私而入公者率輸十而得五錢積於上布帛米粟賤不可售歲暮寒苦吏卒在門民號無告二十年之間民無貧富家

産盡耗此所謂不可復者二也古者治民必周之其夫家田畝六
畜器械之數未有不知能制其貧富不能得其心者也故三代之
君開井田畫溝洫謹步畝嚴版圖因口之衆寡以授田因田之厚
薄以制賦經界既定仁政自成下至隋唐風流已遠然其授民田
有口分永業皆取之於官其斂民財有租庸調皆計之於口其後
世亂法壞變爲兩稅戶無主客以居爲簿人無丁中以貧富爲差
田之在民其漸由此貿易利於避役則稅少而田多僥倖一興稅
役皆弊故丁之記景德田況之記皇祐皆均稅爲言矣然嘉祐中
薛向孫琳始議方田量少晦審肥瘠以定賦稅之入熙寧中呂惠

卿復建手實抉私隱祟告訐以實貧富之等元豐中李琮追究逃絶均虐編戸以補失陷之税此三者皆爲國斂怨所得不補所失事不旋踵而罷此所謂不可復者三也故臣愚以謂爲國者當務實而已不求其名誠使民盡力耕田賦輸以養兵終身無復征戍之勞而朝廷招募勇力強狡之民教之戰陣以衛良民二者各得其利亦何所不可哉富民之家取有餘以貸不足雖有倍稱之息而子本之債官不爲理償進之日布縷菽粟雞豚狗彘百物皆售州縣晏然處曲直之斷而民自相養蓋亦足矣至於田賦厚薄多寡之異雖小不齊而安靜不撓民樂其業賦以時入所失無幾因

其變易而質其欺隱繩之以法亦足以禁其太甚昔宇文融括措
逭客戶州縣觀望虛張其數以實戶爲客雖得戶八十餘萬歲得
錢數百萬而百姓困敝實召亂均稅之害何以異此凡三者皆儒
者平昔之所稱頌以爲先王遺法用之足以致太平者也然數十
年以來屢敗足以爲後世好名者之戒矣惟嘉祐以前百役在民
衙前大者主倉庫躬饋運小者治燕饗職迎送破家之禍易如反
掌至於州縣役人皆貪暴吏之所誅求仰以爲生者先帝深究其
病鬻坊場以募衙前均役錢以雇諸役使民得闔門治生而吏不
敢苛問有司奉行不當坊場求數倍之價役錢取寬剩之積而民

於國而不恤其生矣。今二聖覽觀前事，知其得失之實，故盡去保甲、青苗、均稅，至於役法，擧差雇之中，惟便民者取之。郡縣奉承，雖未即能盡，而天下之民知天子之愛我矣。故臣於民賦之篇備論其得失，俾後有考焉。

欒城後集卷十五終

欒城後集卷之十六

宋眉山蘇轍子由著

明東吴王執禮子敬 顧天叙禮初 仝校

劄子十五首

兄除翰林承旨乞外任劄四首

臣伏見兄軾近除翰林學士承旨兼侍讀以臣備位執政不敢復居要職比雖受

命仍奏乞候過坤成上壽再乞外任伏念臣頃蒙

誤恩擢居丞轄才微德薄常有負乘致寇之憂但以遭逢

聖明恩德深厚未知所報不敢求去今者乃以忝冒之故復致兄

軾逡廵退避不敢安職於臣私情莫遑寧處況復兄軾才高行備過臣遠甚不唯衆所共知抑亦　聖鑒所亮兼臣自蒙擢用今將半年雖日夜勉勵終無所補若使兄軾得安處侍從論思講讀正其所長未必無補於　聖德也故臣以謂　陛下只可使弟避兄不可使兄避弟只可使不肖避賢不可使賢避不肖區區愚懇竭盡於此伏乞　聖慈察臣深心除臣一郡上以全　朝廷之公道下以伸兄弟之私義臣不勝至願冒昧自陳取　進止

貼黃臣自聞兄軾相次到闕卽欲上章避位意謂恐涉援引兄軾之嫌今者竊覩　朝廷擢用兄軾首冠禁林經筵眷遇之意

可謂至重榮名厚祿亦云極矣雖愚無知豈復更有僥倖無厭之望臣以此不敢復避小嫌令兄軾不安其職伏乞　聖慈體察早賜施行

第二

臣竊以君臣之間譬如父子中有所懷不當不盡臣近以兄軾爲臣備位省轄不敢安職援引故事力求補外臣內緣長少之義外量賢愚之分冒瀆　聖聽欲求一郡以厭公義今月十二日面被　德音以臣與軾既非同官不須回避臣退而思念　聖恩隆厚不以兄弟並處要劇爲嫌畧去形迹責之實効臣等雖復捐軀何

以爲報然而兄弟孤遠愚拙寡援前後進用皆出聖造臣既頂聞

國政兄復首冠侍從一家寵榮朝臣未見其比若不知退避下

則羣言可畏上則陰譴可虞既兄弟未可並退而臣自知才氣學

術皆不如兄是以自求引去意欲使軾稍安於位竭力圖報庶幾

有補於　國而無害於家耳區區之誠非復矯飾伏乞　指揮檢

會前奏早賜施行取　進止

第三

臣忝備執政無補萬一而兄軾自外召還以臣故不敢安處要近

力求補外臣比以長少之宜能否之分再歷肝膽乞守郡自効以

安私義皆面稟　聖訓不允所請雖再三干冒已不容誅而區區
寸誠終不可已特以坤成在近臣子皆得上千萬歲壽況臣遭逢
恩寵倍常豈以未敢復有所請欲俟過　聖節即伸前懇伏乞
聖慈特賜鑒察取　進止

第四

臣伏以臣兄軾近自杭州召還爲翰林學士承旨兼侍讀軾以臣
備位政府避嫌請外臣亦再上章自陳以謂　朝廷若以長幼論
之則當使弟避兄若以才不論之則當使臣避軾事理至順意必見
從而志淺言輕不蒙聽察兄軾近已蒙恩除知潁州雖　聖恩深

厚曲遂其請而緣臣忝冒致之外徒不惟私意有所未順質之公
議尤曰非宜況臣供職以來於今半年雖勉强自將而毫髮無補
外妨賢路心自不遑欲乞　聖慈諒臣誠心非有矯飾特除臣一
郡以安愚衷干冒　宸嚴不勝戰汗隕越之至取　進止

舉王鞏乞外任劄子五首

臣伏見御史中丞鄭雍殿中侍御史楊畏言臣前任中憲日舉王
鞏不當臣伏自念臣昔薦鞏本緣方今人物衰少惜其才有可採
謂宜洗濯瑕疵稍加録用朝廷因此過聽除鞏大藩臣雖無欺
君之言終有輕舉之罪人言不已情實難安伏乞　聖慈速正典

刑以弭羣議取　進止

第二

臣昨以鄭雍楊畏言臣薦王鞏不當奏乞速正典刑以弭羣議尋復見諫官虞策與臺官安鼎亦論此事內虞策所言與鄭雍楊畏不甚相遠惟有安鼎謂臣欺罔詐謬機械深巧不速譴責恐臣挾朋誕謾日滋日橫信如鼎言則臣死有餘責有何面目尚在　朝廷今臣既以舉官不當乞行　朝典不敢復與鼎辨別曲直然鼎頃與趙君錫賈易等同搆飛語誣罔臣兄軾以惡逆之罪嘗與君錫等同上殿奏對上賴　聖鑒照察知其挾情虛妄君錫與易即

時降黜惟鼎今在言路是以盡力攻臣無所不至　朝廷若不逐
臣鼎必不肯已伏乞　聖慈憫臣孤立無援早賜責降使鼎私意
得伸不復煩瀆　聖聽則臣死生幸甚臣謹已家居待罪伏乞早
賜施行取　進止
貼黃臣本欲候二十二日奏事面陳家居待罪之意但以鼎攻
臣甚急若不早自引避恐再以惡言見及伏乞　聖慈體察

第三

臣適蒙恩押赴起居奏事尋面奏以臺諫有言理合回避乞除外
任以安危迹蒙　德音宣諭臺諫所言止是舉官不當一事令臣

且爲　朝廷安心供職官仰服　聖恩察臣無他過惡便合祗稟
訓詞不當再有陳請然臣備位執政而舉非其人國有成法在臣
則當奉法以率衆於　朝廷則不宜曲法以私臣況臣比年以來
再任言責毎有論奏不敢觀望以此仇怨滿前孤立寡援毎一念
此不寒而慄雖無人言自當引去今羣言未已其鋒可畏若不蒙
聖恩諒臣此心許臣補外實恐横被攻擊立見顛隮臣已不敢
復入東府見在天壽院聽候　指揮伏乞　聖慈愍臣窮迫早賜
施行臣無任祈天竢命激切屏營之至取　進止

第四

臣今日伏蒙　聖恩特降中使賜臣不允陳乞外任詔書一道仍
傳宣聖旨令臣早赴省供職者孤危之迹以外爲安保全之恩留
而不遣仰荷眷獎惟知感泣然念臣兩任臺諫因緣言事仇怨甚
多今輕舉之罪雖蒙寬貸終恐難以自安伏乞　聖慈察臣危懇
檢會前奏早賜開許再三干瀆天聽無任惶懼戰慄之至取　進
止

第五

臣今月二十五日伏蒙　聖恩特降中使賜臣　詔書仍傳　聖
旨令臣赴省供職臣以愚直寡助朝多仇怨尋具劄子復申前請

臣之愚意非止欲求安身蓋將稍息煩言免致上瀆　天聽俯伏
竢命今已三日未聞報可憂懼實深倘冀　聖慈察其孤憟畏人
之心恕其再三月聞之罪檢會累奏早賜施行則臣死生幸甚取
進止

乞賜張宣徽諡劄子

臣伏見故宣徽南院使太子太保贈司空張方平始以博學高文
名冠多士終以中立不倚望重累朝練達政體言不虛發遭遇
聖明眷禮隆異每用其言輒效見當世其所不用皆有驗於後當
熙寧變法之際與大臣議論不合引就外補年方七十懇請致仕

杜門不出十有餘年觀其始終動合典禮有古人大節然性本渾
朴不近名譽臨終戒其子孫不許請謚立碑士大夫聞之莫不嘆
息臣昔少年識方平於成都一見以忠義相勉其後兩從奏辟分
兼師友竊以謂約身殺禮雖人臣執謙之美而誄行易名本人君
追遠之義況自方平之亡臣親聞　德音許其忠直竊見故事臣
寮之家有不乞謚者皆因奏請特　詔禮官定議以示褒勸伏乞
聖慈以臣此奏降付太常寺於其家取索行狀依例施行取
進止
貼黃本朝翰林侍讀學士兵部侍郎兼祕書監贈太子太師楊

徽之翰林學士承旨工部尚書宋祈此二人身亡皆不請謚其
後參知政事宋綬爲徽之請謚曰文莊翰林學士承旨張方平
爲祈請謚曰景文伏乞付有司檢會施行

立　皇后制書劄子

臣昨日躬聽制書伏承　太皇太后陛下上　皇帝云　皇帝陛下奉承慈訓公選
賢淑下逮側微明建中宮以助內治羣臣在位無不忻懽臣每因
進見備聞　德音知采擇之艱前後經涉二歲所訪何止百家逮
茲成命　聖心勤止臣今日偶以在告不獲隨衆面致懇誠不勝
區區激切惶恐之至

論黃河軟堰劄子 申三省狀附

臣今月八日以式假不預進呈公事竊見三省同奉　聖旨北流軟堰依都水監所奏候下手日先將檢計到功料奏取指揮竊緣臣從來都堂聚議常以謂軟堰不可施於北流利害甚明蓋東流本人力所開闊止百餘步冬月河流斷絕故軟堰可爲今北流既是大河正溜比之東流何止數倍見今河水行流不絕軟堰何由能立蓋水官之意欲以軟堰爲名實作硬堰陰爲回河之計耳朝廷既已覺其軟堰之請不宜復從昨已於正月二十八日面奏大畧以謂昔　先帝因河決導之北流已得水性惟隄防未立每

歲不免決溢之患小小決溢是黃河常事本不爲大害而數年前
朝廷議欲回河王孝先吳安持等因此橫生河事昔北京以南
黃河西岸有闞村等三河門遇河水決溢卽開此三門放水西行
空地至北京之北却合入大河故北京生聚無大危急只自建議
回河先塞此三門又於西隄作鋸牙馬頭約水東流直過北京之
上故北京連年苦急緣此水勢卧東故去年東流遂多於昔由此
言之分流之說非徒無利實亦有害也何者每年秋水泛漲分入
兩流一時之間稍免決溢此分水之利也河水重濁緩卽生淤既
分爲二不得不緩故今日北流已見淤塞此分水之害也然將來

漲水之後河流東北蓋未可知臣等昨問吳安持安持亦言去年河水自東安知今年河水不自北　太皇太后宣諭曰水官尚如此言餘人更安敢保臣又奏曰昨來安持等因河流稍東乞於東流添掃五七緷稱此機會不可少緩臣等恐安持意欲因此指揮多添掃緷壅遏北流不爲穩便即乞指揮所增掃不得過元乞數然時方河冰掃緷皆不到地所稱機會悉是妄言安持等旣未得如意即又奏乞北流河門只留一百五十步蓋北流河門本闊三百餘步今若塞其太半河流旣未可保其不北若使所塞堅壯不可動搖則漲水咽怒必爲上流之患京師以來皆未免憂也若所

塞浮虛漲水一至隨流蕩去人工物料無慮數百萬頃刻而盡民之膏血深可痛惜然臣愚意亦非敢便謂河水必北而不東也但欲候今年夏秋漲水之來徐觀河勢所向水若全東則北流不塞自當淤斷水若復北則北河如舊自可容納　朝廷作事務在萬全若行險僥倖萬一成功此則水官之意臣不敢從也安持等既見前計不行則又要橫截北流以為軟堰見今北流稍緩安持等已恐因此生淤故立此堰然知因此堰欲盡留使臣人工物料積漸增卑撩淺即是用河上諸埽人力般土塡河數月之後積土成山不知與見今河淤孰為多少名欲分水實是回河決不可許臣

欲乞先令安持等結罪保明河流所向及土堰若成有無塡塞河道致將來之患然後遣使按行具可否利害　太皇太后曰水官猶不能保河之東北時暫遣使又安能知且可重别商量臣奏曰臣迫於異同之論故乞遣官若出自　聖斷只　朝廷商量亦無不可　太皇太后又曰縱令水官結罪待其敗事然後施行於事何補臣奏曰誠如　聖旨昔修六塔河先責李仲昌狀其功不成隨即責降此是富弼等當時謬政不足復用今來　聖旨極爲允當臣退復思之嘗聞頃歲北流河門闊十餘里水面闊七八里今來河門止闊三百餘步蓋水官數年以來堙塞大河一至於此使

洪流不安誰任其咎又東流河門止濶百餘步每年漲水東行已有瀰溢之懼今復欲併入北流理難包畜遂指揮中書工房令作畫一問都水監至今未有回報　朝廷欲作軟堰當候問得此二事委無妨礙有實及臣等看詳實有利無害乃可施行若不待報遽降依奏指揮必恐有悞國事雖云先具功料奏取指揮然已令依奏下手則是邪說已行必致驚動衆聽且貽後患伏乞　聖慈特賜詳察降臣此議副三省所有八日指揮乞未行下候臣參假商量取旨河事至重措置不當一方生靈被害非細臣時暫在告心有所見不敢默已干冒　天威甘俟誅譴取　進止

工房畫一

一勘會北流元祐二年河門元濶幾里水面濶幾里逐年開排
直至去年只濶三百二十步有何緣故

一勘會東流河門見今濶幾步每年漲水東出水面南北濶幾
里南面有無堤岸北京順水堤不沒者幾尺今來北流若果
淤斷將來漲水東行係併合北流多少分數有無包畜不盡

貼黃看詳軟堰之議吳安持等本只是奏乞令外丞司相度北
流水勢如更有減落即令用軟堰權閉元未敢便乞下手今
朝廷指揮更不相度便令下手即依奏之言深爲未當兼將來

謂軌堰不可施於北流利害甚明兼僉於正月二十八日面奏
手日先將檢計到功料奏取指揮竊緣轍從來於都堂商量以
軌堰事二省同奏　聖旨依都水監北外都水丞司所奏候下
右轍今月八日以式假不預進呈公事竊見中書省錄黃北流

附論軌堰申三省狀

故須至鎔入此疏仍已一面密申三省乞未施行
必不敢不爭若大臣爭已行之命顯異同之迹非所以示天下
事反覆商量不當獨入文字只為此命一行臣自度參假之後
敗事安持等得以歸過　朝廷尤為不便臣忝預執政只合每

蒙　聖旨令别具商議聞奏今來八日指揮愚意實未以爲然

况轍時暫在告心知不便難以緘默已别具論奏謹具申三省

所有八日指揮乞未行下工部俟參假日更别商量取　旨謹

狀

論御試策題劄子二首

臣伏見御試策題歷詆近歲行事有欲復熙寧元豐故事之意臣

備位執政不敢不言然臣竊料　陛下本無此心其必有人妄意

陛下牽於父子之恩不復深究是非遠慮安危故勸　陛下

行此事此所謂小人之愛君取快於一時非忠臣之愛君以安社

稷爲悅者也臣竊觀　神宗皇帝以天縱之才行大有爲之志其所設施度越前古蓋有百世而不可變者矣臣請爲　陛下指陳其畧　先帝在位近二十年而終身不受尊號裁損宗室恩止祖免減　朝廷無窮之費出賣坊塲雇募衙前免民間破家之患罷黜諸科誦數之學訓練諸將慵惰之兵置寄祿之官復六曹之舊嚴重祿之法禁交謁之私行淺攻之策以折西戎之狂收六色之錢以寬雜役之困其微至於設抵當賣熟藥凡如此類皆　先帝之聖謨睿算有利無害而元祐以來上下奉行未嘗失墜者也至如其他事有失當何世無之父作之於前而子救之於後前後相

濟此則聖人之孝也昔漢武帝外事四夷内興宮室財賦匱竭於是修鹽鐵榷酤平準均輸之政民不堪命幾至大亂昭帝委任霍光罷去煩苛漢室乃定光武顯宗以察爲明以讖决事上下恐懼人懷不安章帝即位深鑒其失代之以寬豈弟之政後世稱焉及我本朝　眞宗皇帝右文偃革號稱太平而羣臣因其極盛爲天書之說　章獻明肅太后臨御攬大臣之議藏書梓宮以泯其迹及　仁宗聽政亦絶口不言天下至今韙之　英宗皇帝自藩邸入繼大臣過計創濮廟之議　朝廷爲之洶洶者數年及　先帝嗣位或請復舉其事寢而不答遂以安靖天以漢昭章之賢與

君　仁宗　神宗之聖豈其薄於孝敬而輕事變易也哉蓋事在

不可不以廟社爲重故也是以子孫既獲孝敬之實而父祖不失

聖明之稱此眞明君之所務不可與流俗議也臣不勝區區願

陛下反覆臣言愼勿輕事改易若輕變九年已行之事擢任累歲

不用之人人懷私忿而以　先帝爲詞則大事去矣臣不勝憂國

之心冒犯天威甘俟譴責取　進止

第二

臣近以御試策題有欲復熙寧元豐故事之意尋具劄子論　先

帝所行善政見今遵行者自已非一其間事有過差元祐以來隨

宜修改以安天下者正是子孫孝敬之義未審　陛下以臣言爲
然否臣竊觀自　陛下親政於今已是半年臣等日侍清光若
聖意誠謂　先帝舊政有不合改更自當宣諭臣等令商議措置
今自宰臣以下未嘗畧聞此言而忽因策問進士宣露密　旨中
外聞者莫不驚怪譬如家人父兄欲有所爲子弟有不預知而亟
與行路謀之可乎臣聞兩喜必有溢美之言兩怒必有溢惡之言
喜怒不忘於心而以議天下之政必有過甚而不平者　朝廷雖
有今昔之異其實一家欲有所爲當愛惜事體豈可如仇讐之相
反惟患不速也哉頃者元祐之初初議改更亦未免此病故役法

一事隨改隨復數年而後稍定臣於此時初爲諫官後爲御史每
言差役不可盡行而河流不可強遏上下顧望終不盡從　陛下
以此察之臣非私元祐之政也蓋知事出忽遽則民受其病耳議
者誠謂元豐之事有可復行而元祐之政有所未便臣願　陛下
明詔臣等公共商議見其可而後行審其失而後罷深以生民社
稷爲意勿爲此忽忽則天下之幸也取　進止
貼黃臣竊見章惇昔任樞密使與司馬光爭論役法其言有曰
免役之法利害相雜又曰見行役法今日自合改更又曰自行
免役所遣使者不能體先帝愛民之意差役舊害雖已盡去而

免役新害隨而復生今日正是更張修完之時又曰凡改更政事固有不可緩者有可以緩者如京東西保馬緩一日則民間有一日之害此不可緩者也如役法歲月之間改更了當誠不爲緩　陛下謂悖豈欲破壞元豐故事者哉而言猶若此則元祐改更誠不爲過矣

待罪劄子一首

臣以愚拙特蒙　聖恩擢用不次備位政府已及三年報效不聞負乘爲罪前後累致煩言浼瀆　天聽孤危之迹寢食不遑祗自去秋以來紛紜少止方欲祈天請命力求補外適以　東朝變故

不敢自陳今者偶因政事懷有所見輒欲傾盡以報知遇而天資
闇冥不達機務論事失當冒犯　天威不敢自安謹已遷入觀音
院待罪伏乞　聖慈察臣久欲退避以免素餐之譏憐臣不識忌
諱出於至愚之性少寬刑誅特賜屏逐以允公議臣無任瞻　天
瀝懇戰懼殞越之至取　進止

鏤坊後集卷之十六

主

欒城後集卷之十七

宋眉山蘇轍子由著

明東吳王執禮子敬　顧天叙禮初全校

表記劄子狀共十四首

元祐七年生日謝表二首

臣轍言伏蒙　聖恩以臣生日特遣中使降詔書賜臣羊酒米麵者與聞幾政每懷尸禄之憂時及初生曲蒙好賜之厚使華臨賁親族增榮臣轍誠惶誠恐頓首頓首伏念臣起自畎畝之微貧無甔石之積永念屬厭之戒曾無求飽之心迫玷近班適緣乏使不

稱是懼如醉其憂豈意生育之期復煩慶賜之重此蓋伏遇 皇
帝陛下政本於惠禮從其隆萬物盛多如魚麗之時羣臣和樂有
鹿鳴之喜斥餘牽以爲饋助燕私而不忘自顧何功敢竊大烹之
養誓將圖報少逃素食之譏臣無任感 天荷 聖激切屏營之
至謹奉表稱謝以聞

臣某言伏蒙 聖恩以臣生日特遣中使降詔書賜臣羊酒米麪
者弧矢之祥永記於生育膚庖之賜曲被於 渙恩祗荷 寵靈
豈勝愧懼臣轍誠惶誠恐頓首頓首伏念臣少方志學曾蓼莪之
莫辭長欲事親愧旨甘之不贍雖居近列之寵常懷罔極之悲顧

之遠謀猥叨亟饋此蓋伏遇　太皇太后陛下約於奉已侈在養
賢躬周公吐餔之勞服大禹惡酒之戒特推觴豆之賜以助室家
之私敢不下酌民言助調國政庶無覆餗之患以圖報德之方臣
無任感　天荷　聖激切屏營之至謹奉表稱謝以聞

　　劄記

臣伏蒙　聖慈以臣生日特遣中使降詔書賜臣羊酒米麵者獲
貳文昌再經生育薦蒙慶賜之典仰承慈惠之風食浮於人念素
餐之可愧任過其量無令德之足觀欲報之心未知所措臣無任
感　天荷　聖激切屏營之至

元祐八年生日謝表二首

臣轍言伏蒙　聖恩以臣生日特遣中使降詔書賜臣羊酒米麪者老逢誕日泣養親之無從賜出天厨愧君恩之莫報臣轍誠惶誠恐頓首頓首伏念臣生於窮陋晚被寵榮粗飯垢衣未改生平之舊嘉肴旨酒每驚日食之豐復緣載育之辰曲霑馭幸之典穿家交慶心口自慙此蓋伏遇　皇帝陛下儉以約身優於養士敕廩人而繼粟閔褐父之晛盛力行舊章以惠列辟德非易物澤配漏泉矧茲異數之隆非復周行之比食無避難敢忘臣子之心志在屬厭更誦古人之戒臣無任感　天荷　聖激切屏營之至謹

奉表稱謝以聞

臣轍言伏蒙　聖恩以臣生日特遣中使降詔書賜臣羊酒米麪者惠以餼牽示同安於飽滿繼之麯糵思共享於和平臣轍誠惶誠恐頓首頓首伏念臣生自寒鄉幼被慈訓父篤教忠之義母有擇隣之風孤苦積年衰羸無用每逢生日私竊疚懷敢期老病之餘獲霑好賜之末既醉且飽兼喜與悲此蓋伏遇　太皇太后陛下知臣下之劬勞敬廩庖之充積謂嫠或不以而周雅作刺食每無餘而秦風變哀霑爲大享度越前世蓋視如手足俾知體貌之隆况門有桑蓬本效馳驅之用欲圖報德誓以移忠臣無任感

天荷　聖激切屏營之至謹奉表稱謝以聞

笏記

臣伏蒙　聖慈以臣生日特遣中使降詔書賜臣羊酒米麵者枉蒙寄任空閱歲時毎遇初生輒被好賜醉酒飽德雖喜太平之風鳴野食苹未展盡心之報臣無任感　天荷　聖激切屏營之至

辭門下侍郎劄子

臣竊覩今日內降　聖旨臣轉官除門下侍郎伏以執政近臣預聞　國論可用才舉難以次遷苟以先後歲月爲倫必致忝冒況論之議況臣頃由縣道擢寘從官首尾七年歷盡華貫逮居丞轄

之地訖無絲髮之功黽勉逾年慙負塡臆敢期　聖眷未已擢任

愈隆臣反覆思之始者旣以不次度越衆賢今者又因見任遷貳

元宰前後僥倖豈可常然苟復冒居出納之司不知進退之分公

論不允必致顚隮况臣久以愚拙誤蒙矜憫幸今　命出未下勢

尚可回伏乞　聖恩念臣孤危非有矯飾特寢　明命以安微衷

臣無任祈　天族　命激切屏營之至取　進止

免太中大夫門下侍郎表二首

臣轍言伏奉　告命蒙恩除臣太中大夫守門下侍郎者久塵右

轄無補於時進貳東臺有慙在列言莫宣於誠意聽未感於　高

明臣輙（中謝）誠惶誠懼頓首頓首伏念臣頃以虛名誤蒙收録旋塵近侍非有勞能咀嚼文詞本腐儒之事業彈治邪枉犯衆口之憎嫌及夫進貳文昌日侍軒闥隨衆出入得失何補於萬幾奉行文書勉强自懃者期歲此則　聖主之所親見孤臣之所自知豈待人言難逃　天鑒敢謂超升累級復進崇階雜用負乘行自招於寇盜未嘗狩獵食何取於鶉貆伏望　太皇太后陛下因功以擧賢選衆以拔士采其譽者必考其實聽其言者皆原其心如臣空疎自難隱伏特追成命以慰公言使　聖朝無失於用人則臣愚若蒙於厚賜臣無任祈　天竢命激切屏營之至謹奉表陳免以聞

臣轍言伏奉　誥命蒙恩除臣太中大夫守門下侍郎者喉吻之任密侍於禁中綸綍之行風傳於海內苟用人之失當於累上以非輕臣轍中謝誠惶誠懼頓首頓首伏念臣西南陋儒墳史樸學非有過人之大節惟守事君之小心無其不實不敢居其名非其任不敢竊其祿任歷三世年逾半生奉以周旋未始失墜今者乃欲以尋尺之材居棟梁之任以斗升之量受鐘鼎之藏雖欲欺君且非本志矧復躐等超累級之上遷秩非舊比之常請言以思未見其可伏望　皇帝陛下因任庶物照臨百官短長各盡其宜大小無失所養必其力有餘而後用則其任逾久而常新抑將多士皆賴以

安豈惟微臣獨被其賜愚衷已竭　天聽尚回臣無任祈　天俟
命激切屏營之至謹奉表陳免以聞

謝大中大夫門下侍郎表二首

臣轍言伏奉　制命除臣太中大夫守門下侍郎再具詞免蒙降
批答不許仍斷來章者黃閣之崇惟賢是用四岳之貴匪功弗加
自慙迂拙之餘併荷寵光之及臣轍誠惶誠恐頓首頓首伏惟
太皇太后陛下政由家出德與性成盡心與民雖萬鍾無愛於國
潔身由義雖一毫未嘗取人惟至清故大臣小吏不察而盡知惟
至公故貴戚近習不戒而自飭臣每因雙日獲覲　淸光嘗恐病

疏不中於規模固陋難逃於冰鑑方欲仰干聰聽少避衆賢敢謂未見瑕疵尚加進擢豈以其拙直無欺罔之過而遲鈍少狂躁之心致此誤恩濫於末品此蓋伏遇 太皇太后陛下人非求備志在養賢將欲因鮑以致管生甯隗以招樂子披十覩五人之用累百求一鶚之精廣而不遺多故致雜臣敢不仰體 聖意旁求哲人既以寬寤寐之勞亦以救空疏之不逮過此以往未知所裁臣無任感 天荷 聖激切屏營之至謹奉表稱謝以聞

臣轍言伏奉 制命除臣太中大夫守門下侍郎再具詞免蒙降批答不允仍斷來章者掌轄逾年何補六曹之劇納言置貳仍忝

一階之崇雖曰次遷要爲非據臣輒誠惶誠恐頓首頓首竊以臣
之事君理先審己器小受大有滿溢之禍力薄負重有顛覆之虞
臣世本寒微技止文墨向者翺翔翰苑才殫於書詔之間總執臺
綱力盡於議論之際至於參陪大政實匪其人久爾冒居日深愧
畏未能謀遠常恐見譏於匹夫有若發蒙何以折衝於下國方知
難而欲退偶進擢之非常貪戀恩榮已乖行意之義顧瞻中外豈
無潛德之人徒以　天聽甚高巽命已發循墻雖切反汗無緣上
累　朝廷知人之明下愧朋友責善之實此蓋伏遇　皇帝陛下
游神淵默灼見羣臣之情運智密微陰扶　聖母之斷人惟求舊

德用日新念臣嘉祐之直言仕亦既久識臣建元之司諫心則無邪忘其鄙凡日加親近身非木石猶有圖報之心恩隆父兄當驗服勤之效臣無任感　天荷　聖激切屏營之至謹奉表稱謝以聞

進郊祀慶成詩狀

右臣伏覩今月十四日　親饗郊廟禮成肆赦者恭以莫大之儀成於一日無窮之澤施及四方歡聲所同和氣畢應伏惟　皇帝陛下奉烈祖之成憲蹈父母之訓言臨御七年愼守一德人服孝慈之化物知仁厚之心神祇降休麥禾薦熟長日既至舊章不忘

以爲再饗明堂未暇圜丘之大祀躬謁　皇地𧝆稽　先帝之遺
言惕然不寧述而非作是用修合祭之舊補不講之文人情所安
神意昭答况復肆眚之令一寬於冥頑已責之恩大弛於縲縶施
仁於不報之地收獲福於無求之中臣每待　清光畧聞大旨勉强
吟咏形容盛明愧周頌二后之精深乏唐賦三禮之廣麗圖寫天
日自知難成間雜風謠猶或有取謹賦　皇帝郊祀慶成詩一首
謹繕寫隨狀上進輕冐　宸嚴臣無任慙懼激切之至謹進

免南郊加恩表二首

臣轍言伏奉　誥命以郊祀禮畢特加臣護軍進封開國伯食邑

五百户食實封二百户者幸以空踈獲陪元祀敢祈　恩霈下逮無功臣輙誠惶誠恐頓首頓首恭以三年而郊百禮咸至上則六聖德澤洋溢於無盡下則四方奔走勞苦而不辭鳩工聚財講禮修器經涉累歲克舉舊儀斯皆恭儉足以感神　仁聖足以服衆故得事舉如素禮成不違其於左右之臣豈有纖芥之助今當宁之美以謙而弗居相祀之勞雖微而咸録苟不知避將何以安伏望　太皇太后陛下上屈至恩俛從私欲使無勞者不得受賜而辭寵者獲遂本心體天地無私之明厲臣下有耻之節聰聽雖遠懇誠必聞臣無任祈　天族命激切屏營之至謹奉表陳免以

宋本此卷存一葉

聞

臣轍言伏奉　誥命以郊祀禮畢特加臣護軍進封開國伯食邑五百戶食實封二百戶者叨陪祀事已極忻榮貪冒寵光實增愧畏臣轍誠惶誠恐頓首頓首恭以　皇帝陛下紹統六聖臨政七年愛敬盡於事親故道要而用博終始念於典學故德修而弗知間者稽參古今並享天地人情既協神理弗違月朔以還雨雪猶作齋宿之際風霾未除及夫晝漏盡而天宇肅清月幾望而雲物晏燦執玉而進如將弗勝受福以歸謙不自有衆庶如堵歡忭一詞此則　聖性得於自然臣下望而莫及曾何謏寵橫及無勞伏

望

皇帝陛下猶回讓之誠收已行之命福庶既均於在列名器豈宜以假人盍愼予奪之權深厲廉恥之節眇然微願冀在必從臣無任祈

天旋命激切屏營之至謹奉表陳免以聞

謝南郊加恩表二首

臣轍言伏奉

誥命特加臣護軍進封開國伯食邑五百戶食實封二百戶尋具表辭免蒙降批答不許仍斷來章者元祀告成霈恩既昭答推廣乾坤之施普霑臣子之私顧惟何勞猥冒斯寵臣轍中謝誠惶誠恐頓首頓首伏惟

太皇太后陛下母儀三世坤載四方享天下之養而非以厚其身攬天下之務而非以私其族撝謙附帝

業保佑神孫譬如農夫之養苗耘鋤以竢其長玉人之作器琢磨
而望其成厲之以講學之勤示之以聽斷之敏導之事天而天錫
之福訓之祀地而地應以和凡下民所以知戴吾　君皆東朝有
以啓廸其意如臣等輩絶企光塵雖復因時以舉儀祗令以從事
參備羽衛進執豆籩豈有勞能坐被光寵此蓋伏遇　太皇太后
陛下因賑膰之餘慶録左右之微勤以謂承天之休不可以專享
及物之惠不嫌於過優致此　誤恩首霑近列辭避無所寢興莫
遑臣無任感　天荷　聖激切屏營之至謹奉表稱謝以聞
臣轍言伏奉　誥命特加臣護軍進封開國伯食邑五百戶食實

封二百戶尋具表辭免蒙降批答不允仍斷來章者祗相元祀粗
免弗虔敢緣均福之常妄冀及私之寵重紆訓語祗益兢慚臣轍
誠惶誠恐頓首頓首恭惟郊廟之崇　祖宗所敬先之以寬刑薄
斂使民罔艱虞副之以潔粢碩牲使神無恫怨民神胥協家國用
寧顧臣何人預聞庶政裕民之意詔令具存事神之誠威儀可效
乃者密侍　旒冕手薦璧琮晬容穆然而祗畏之心明羣工肅然
而吳敖之意息聽於輿人之誦知有列　聖之風臣目覩盛儀無
周南之嘆位在近列有粃前之譏首被　恩私實增戰越此蓋伏
遇　皇帝陛下體二儀之博施襲累　聖之成規霈然雨露之私

無覆露之間勳封之錫深愧於勞臣田邑之加幾至於成國功

無毫髮 恩賴邪山臣無任感 天荷 聖激切屏營之至謹奉

表稱謝以聞

欒城後集卷之十七 終